情報技術者倫理の基礎知識

著者：山本 修一郎

JN209297

KDD

近代科学社Digital

まえがき

「なぜ情報システムの開発で倫理を考える必要があるのか？」．最近の目覚ましい情報技術の発展に伴い，この問いに答えることが重要な課題になってきた．日本では，最先端技術の開発を急ぐためには倫理のような面倒なことは後回しでいいではないかという意見がまだ多い．しかし，問題が起きてから対処するのでは手遅れである．欧米では，システム開発の上流段階から倫理上のリスクを識別して対応する「Ethics by Design」が提唱されている．本書では，情報技術の利活用を通して重要になる情報ならびに情報技術に係る倫理についての様々な考え方を紹介する．

先行する倫理関係の著書では，情報倫理，技術者倫理，専門職倫理，工学倫理など様々な倫理用語が用いられている．しかし既存の倫理関係文献では最近の情報技術の発展を必ずしも踏まえていないことから，本書ではこれらの倫理関連文献を引用するとともに，情報技術の観点からこれらの用語の違いと共通する内容を明らかにしようと考えた．さらに，進展が著しい情報技術に携わる専門職人材のための倫理教育を考えると，これまでの書籍のどれか数点を教科書として選ぶことは難しいと実感した．特に，著者が勤める名古屋国際工科専門職大学のコースにはAI，IoT，ロボット，CG，ゲームという5分野がある．これらの分野を網羅した情報技術者のための倫理教育の教科書はなかった．このため，本書ではこれらの用語が含む諸概念を「情報技術者倫理」として統合することを試みた．

本書の内容は名古屋国際工科専門職大学の学部3年生のために準備した15回の講義資料に基づいている．講義では知識項目ごとに数個の確認問題を提示しているが，本書ではこれらの確認問題とその解答を掲載していない．確認問題と解答については，近代科学社のWebサイト【https://www.kindaikagaku.co.jp/support/detail/?id=155】で公開しているので参照していただきたい．

「情報技術者倫理」の知識項目は，表1に示すように①情報技術者倫理の基礎，②社会と情報倫理，③システム開発と情報倫理，④法令順守・統制と情報倫理の4つがある。本書ではまず，①情報技術者倫理の基礎として，

情報技術と倫理（第1章），技術者倫理（第2章），企業倫理（第3章）について説明する．学生が企業に就職すれば，企業の倫理綱領に従う必要がある．そのため，情報を扱う技術者としての倫理だけでなく，企業で働く社会人としての倫理についても解説する．次いで，社会生活で必要となる②社会と情報倫理について，情報リテラシー（第4章），メディアとCMC（第5章），③サイバー空間（第6章），SDGsとELSI (Ethics, Law, Social Issues)（第7章）の話題を説明する．さらに，情報システムの重要な要素である③システム開発と情報倫理として，ソフトウェア（第8章），AI（第9章），IoT（第10章），ロボット（第11章），ゲーム（第12章）それぞれの情報倫理を取り上げて，考慮すべき情報技術倫理を解説する．なお，情報技術に関する法令を遵守するために企業では組織的な統制が必要になることから，情報倫理との関係で本書の各章で触れた情報犯罪，知的財産保護法，製造物責任法については付録でまとめる．また，本書で図を表現するために用いたシステミグラムの概要も付録で説明する．これらは④法令順守・統制と情報倫理に分類される．

表1　情報技術者倫理の知識構成

①情報技術者倫理の基礎	■情報技術と倫理　■技術者倫理　■企業倫理
②社会と情報倫理	■情報リテラシー　■メディア, CMC, SNS　■サイバー空間　■ SDGs, ELSI
③システム開発と情報倫理	■ソフトウェア　■ AI　■ IoT　■ロボット　■ゲーム
④法令順守・統制と情報倫理	■情報犯罪　■関連法令　■システミグラム

本書により，読者が以下の能力を身につけられることを想定している．
・倫理と情報技術についての用語を理解している
・情報技術開発で必要となる倫理面での課題と解決手法を理解している
・情報技術がもたらす社会的影響を理解している
・情報技術者が遵守すべき法令と制度を知っている
発展を続ける情報技術社会の中で，本書を役立てていただければ幸いである．

2025年2月

山本修一郎

目次

第3章　企業倫理

第4章　情報リテラシー

第5章　メディアの情報倫理

第6章　サイバー空間の情報倫理

第7章　SDGsの情報倫理

第8章　ソフトウェア開発と倫理

第9章 AIと情報倫理

第10章 IoTと情報倫理

第11章 ロボットと情報倫理

第12章 ゲームと情報倫理

付録A　サイバー犯罪

付録B　システミグラム

付録C　情報倫理と関連法令

付録D　デザインと情報技術者倫理

第1章

情報技術と倫理

1.1　倫理の必要性

　情報技術は，進展して社会に急速に浸透していく過程で個人の生活や価値観にも大きな影響を与えている．つまり，情報技術の専門家によってデザインされる情報システムが社会や個人の生き方を変容させていくことになる．そのため，よりよい社会や個人の生き方に貢献するためにはどのような情報技術が求められるのかについて考えることが大切である．

　以下では，倫理と道徳・法律の違い，情報技術と倫理，社会との関係を明らかにする．

1.1.1　道徳と倫理

　情報システムの開発過程では技術面だけでなく倫理面で多くの課題が発生することから，情報システムの開発者には「良い行動」が求められる．良く行動するためには，行為についての善悪の判断が必要である．善悪の判断の根拠となる原則として，道徳(Morality)，倫理(Ethics)，法令順守(Compliance)がある [1].

　【道徳】　宗教原則を含む理念

　【倫理】　明文化された行動様式．自律的に行動

　【法令順守】　法治国家の一員としての義務．他律的に行動が規制

　小倉 [2] によれば，道徳は「道」と「徳」からなる．「道」は道理のことで明文化されてはいないが人として守るべき「倫理」である．また，「徳」は道理を実現しようとする主体的態度のことである．ここでの問題は，個人間や共同体には，異なる「道」があることである．

　同じ文化や価値観をもつ共同体の中で倫理規範を共有することで個人間の円滑なコミュニケーションが成立する．一方で，人は多様な文化や価値観をもつことから，道徳的行為の基盤として「尊敬のコミュニケーション」が重要である．他者から自分の行為がどう見えるか？また，自分が他者の行為をどう見るか？という視点がなければ，自己中心的な行為によって紛争が発生する．

　道徳の社会的機能の一つは，このような紛争を防ぐことである．しかし，

明文化されない道徳によって紛争の解決が期待できない場合には，情報倫理や紛争処理システムとしての法が必要になる．

　個人が参加する共同体(Community)には固有の倫理としての行動規範があり，これを共同体の中で共有している．個人が成長すれば複数の共同体に所属することになる．図1.1では，システミグラムで個人と倫理の関係を表現している．システミグラムについては付録で解説する．図1.1に示すように，個人は家族や地域，大学，学会，日本社会など複数の異なるコミュニティに所属している．異なるコミュニティにはそれぞれの行動規範としての倫理があるから，個人の中で異なるコミュニティの倫理が対立することがある．そこで，共同体に合わせた多重倫理を受け入れるか，共同体から脱出するかという判断が個人に求められることになる．

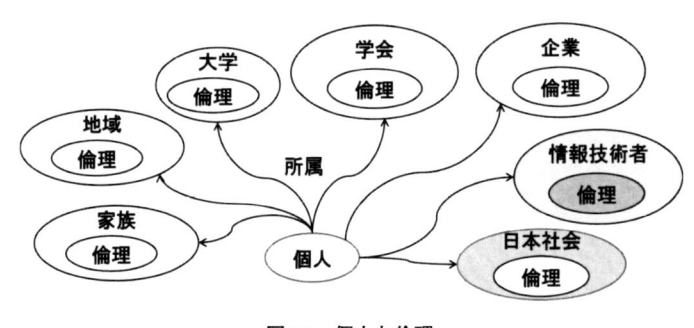

図1.1　個人と倫理

1.1.2　情報技術を扱う視点

　情報技術を扱う視点には，① 情報技術を利用する上で守るべきルール，② 対象とする倫理問題の例示，③ 情報技術専門家の行動規範，④ 情報システムを設計・開発する上での指針となるルールなどがある．以下に示すように，これらの組み合わせによって情報倫理が異なる内容で定義されている．もちろん，これらすべてを包含する形で，情報倫理を新たに定義できることは明らかである．逆に言えば，これら3つの情報倫理の定義は部分的な視点から構成されているとも言える．

定義　小倉による情報倫理 [2]　視点①

情報化社会において，我々が社会生活を営む上で他人の権利との衝突を避けるべく，各個人が最低限守るべきルール．

定義　鞆による情報倫理 [3]　視点②③

(1) 情報にかかわって，人がいかによく生きるかについて探求する応用倫理学の一分野．プライバシー，知的財産権，情報やコンピュータネットワークの不正利用，情報セキュリティ，有害情報，情報格差など，情報にかかわる倫理的問題を対象領域とする．

(2) 情報処理学会倫理綱領に代表される情報技術専門家の行動規範としての職業倫理．

定義　図書館情報学用語辞典による情報倫理 [4]　視点④

情報技術の使用ならびに情報技術を応用する製品・システムを設計・開発する際に，法や技術だけでは答えが出てこない問題について，どうすればよいか指針を与えるルール．

なお，情報技術の進展が早いことから，情報倫理で定めた指針としてのルールだけでは対応できない事態が発生すると，従うべき指針がない状態「指針の空白」になる．

定義　指針の空白 [4]

従うべきルールの不足から，どうしていいか分からず判断できない混乱状態．

1.1.3　倫理と法律

法律の制定には国全体でのコンセンサス形成が必要となるため，特定の集団内の行動規範を定めるだけの情報倫理よりも長い時間がかかるだけで

なく，権利意識の差にも対応する必要があるから，情報技術の進展に対する法の整備や改正の遅れが発生する．

　法律と倫理の関係は図1.2に示すとおり，① 合法的かつ倫理的領域，② 合法的だが非倫理的領域，③ 非合法だが倫理的領域，④ 非合法かつ非倫理的領域の4つに分類できる．領域②は社会の病的行動に対応し，情報犯罪など法整備が遅れている分野が相当する．領域③は災害時に非合法だがどうしても被災者を救助したい場合などに発生する．領域④はSNS型詐欺など社会的事件が対応する．このように，法律と倫理は①では一致する．④は，法律にも倫理にも反する行動である．②は合法的だが非倫理的な行動である．③は倫理的行動だが，法律違反である．

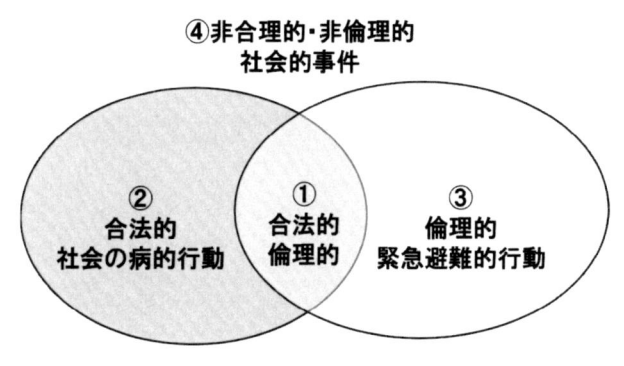

図1.2　法律と倫理

　図1.2から分かるように，社会の病的行動は非倫理的な行動にもかかわらず裁くべき法律がないために合法となることがある．進展の早い情報技術の場合，法律の制定に遅れがあると情報犯罪とは言えないことになるが，逆に新たな事態への対応のために既存の法律で無理に解釈しようとして冤罪が生まれることもある．

　また，これまでの法律が扱ってきた対象と情報には違いがある．例えば形のあるモノは，譲渡すると自分の手元から消える，使用すると経年劣化するなどの特徴がある．しかし情報は譲渡しても手元に残せるし，経年劣化しない．このように情報を扱う上で避けられない法の未整備部分を，情報倫理で補完する必要がある．

　目に見えるモノと違って，情報を「可視化」という視点で分類すると，① 可視化すべき Visualize 型情報（V 型情報），② 保護しつつ可視化する Protect 型情報（P 型情報），③ 可視化すべきでない Conceal 型（C 型情報）情報の 3 つに分けられる [5]．① V 型情報には事故原因・災害情報，② P 型情報には発明情報，デザイン情報，③ C 型情報には個人情報，企業機密，研究情報がある．法律と V 型情報，P 型情報，C 型情報との関係は，次のとおりである．情報隠蔽は V 型情報の透明性への違反，特許侵害は P 型情報保護への違反，個人情報や顧客情報の漏洩は C 型情報保護への違反である．このように情報の種類に応じて適切な取り扱いが必要になる．

1.2　倫理学

　倫理学には，規範倫理学，メタ倫理学，応用倫理学がある．
　【規範倫理学】　どのような行為・判断を行えば「善」とされるかを明らかにする
　【メタ倫理学】「倫理」とは何か，「善」とは何かを明らかにする
　【応用倫理学】　現代の問題に倫理学の成果を適用して，実践的な問題の解決を図る
　本節ではこのうちの規範倫理学と応用倫理学について説明する．さらに，応用倫理学に分類される情報技術者倫理についても説明する．

1.2.1　規範倫理学

　規範倫理学の起源は，アリストテレスによるニコマコス倫理学の徳倫理であり [3]，「幸福な生活を送るための正しい生き方」を追求する学問である．
　主な規範倫理学の例を以下に示す．
　【徳倫理】勇気，正義，寛容などの美徳に基づく倫理学
　【功利主義】行為の正しさを「結果」としての最大多数の最大幸福で判断する倫理学
　【義務論】行為の結果ではなく「義務」や「規則」に基づく倫理学

【契約主義】道徳的規則が人々の間で合意された「社会的契約」に基づく倫理学

【道徳的相対主義】道徳は文化や社会によって異なるとする倫理学

1.2.2 応用倫理学

応用倫理学では，規範倫理学に対して具体的な対象領域における倫理学の課題を扱う．

応用倫理学の例と，それに関する課題を列挙すると以下のとおりである．

【生命倫理】安楽死，脳死，遺伝子組み換え

【環境倫理】持続可能性，自然生存権，世代間倫理

【政治倫理】汚職，詐欺，恫喝

【医療倫理】医療過誤

【研究倫理】捏造，改ざん，盗用

【企業倫理】コンプライアンス，内部通報制度

【報道倫理】公正な報道，人権尊重，虚偽報道

【情報倫理】情報社会の問題，情報の適正管理・利用

応用倫理学を学ぶ目的は，これらの現代社会の問題に倫理学の考え方を適用して人間行動に基づく問題発生の原因を究明し，社会的リスクや被害の拡大を防ぐことである．

1.2.3 情報技術者倫理

情報技術者も技術者の一員であることから，技術者倫理と情報技術者が取り扱う情報についての倫理を踏まえた応用倫理が求められる．これが情報技術者倫理である．

図1.3に応用倫理の構成を示す．図1.3から分かるように，情報技術者倫理は応用倫理の内にあり，情報倫理と，職業倫理の下の技術者倫理の下に位置づけられる．

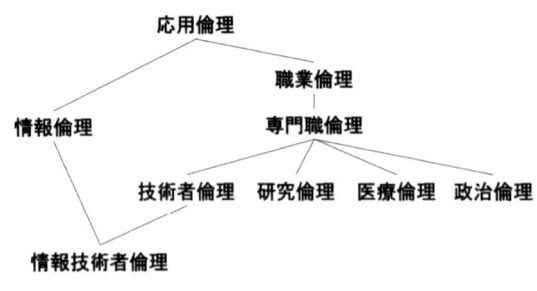

図 1.3　応用倫理の構成

　また，情報技術者倫理は情報倫理だけでなく，職業倫理，専門職倫理，技術者倫理など多様な視点から捉える必要がある．例えば情報倫理では，見せるべき情報と隠すべき情報を識別することによる情報の開示範囲を明らかにする可視性が重要になる．したがって情報技術者倫理でもこれを踏まえて，法律の観点も含めて情報の保護範囲を行動指針として明らかにする必要がある．

1.3　専門職倫理

　職業を営む上で必要となる，してよいことと，してはいけないことについての判断基準が職業倫理である．職業倫理に反する不正行為の事例は，社員による情報漏洩や，研究情報の捏造・改ざんなど多くの事例がある．

1.3.1　職業倫理とは

定義　職業倫理
職業人に求められる判断・行動に対する規範．

定義　専門家 [6]
専門職に就いている人．社会にとって重要な知識や技能をもつ．
専門的知識や技能をもつ集団として，社会に対する強い影響力をもつ．
社会に対して大きな責任を負っている．

> 社会に対する責任を適切に果たすために，専門家集団としての倫理綱領をもつ．

職業倫理は，特定の職業に限らず全ての職業人に対して求められる行動規範である．さらに専門職としての専門家には，高い倫理性や判断力をもち，厳格な規範に則って職務に取り組むことが求められる．また，専門家は立場・目的・社会に対する影響力の点で一般市民と異なることから，社会に対して責任をもつ必要がある．したがって，専門家には社会的な責任を遂行するという倫理的な課題があり，倫理綱領が重要な役割を果たす．

1.3.2 専門職倫理とは

以下では，専門職倫理の例として，世界最大規模の電気・電子関係の技術者の非営利団体であるIEEE(The Institute of Electrical and Electronics Engineers, Inc.)の倫理綱領と，日本ネットワークセキュリティ協会の行動規範を紹介する．

IEEEは，倫理綱領(Code of Ethics)の冒頭で以下を宣言している [7]．

> 私たち，IEEEのメンバーは，世界中の生活の質に影響を与える私たちの技術の重要性を認識し，私たちの職業，そのメンバー，および私たちがサービスを提供するコミュニティに対する個人的な義務を受け入れ，最高の倫理的および専門職の規定を順守することを約束します．

日本ネットワークセキュリティ協会では，情報社会，セキュリティ製品やサービスの利用者と事業者自身を守るために，以下の行動規範 [8] を宣言している．

> 1.情報社会の安全を向上させ、安心の醸成に努めます。
> 2.法令等の正しい理解に努め、これを順守します。
> 3.高度化する脅威に備え技術の向上に努めます。
> 4.自らの製品およびサービスの安全確保に努めます。
> 5.倫理観を持ち、正当な目的のために業務を遂行します。

　この行動規範では，1.社会に対する責任2.法令順守3.技術力の向上4.製品・サービスの安全性保証5.専門職の倫理観を簡潔にまとめている．これらはネットワークセキュリティ分野だけでなく，製品・サービスを提供する事業者にとって共通する原則である．

　また，事業に従事する者が安心して事業を遂行するために，サイバーセキュリティ事業者は社会や顧客から信頼されるリスク管理体制を整備することによって，技術的，法的，倫理的なリスクを最小化することが求められる．このためには，管理体制の整備，社内教育と指導，インシデント対応，実施状況の確認，連絡窓口の明確化が必要であることから，日本ネットワークセキュリティ協会は以下の行動指針を示している [8]．なお，これらの行動指針は，どのような行動をすべきであるかを示すために「～すること」という形式で記述されている．

> A) 管理体制の整備
> 事業者は、管理策に基づき、管理体制を構築する。また、事業内容の変化、社会的通念の変化、法的解釈の変化など時代の変化をとらえるため、定期的に管理策ならびに管理体制を見直すこと。
> B) 社内教育・指導
> 事業者は、サイバーセキュリティ事業に関わる従業員を対象に、自らが行うサイバーセキュリティ事業に関するリスクとその管理策の教育を定期的に行うこと。
> C) 事案（インシデント）対応
> 事業者は、技術的、法的、倫理的な事案が発生した場合の対応体制および対応計画を整備すること。
> D) 実施状況の確認
> 事業者は、管理策が正常に機能していることを定期的に確認し、必要に応じて改善すること。
> E) 連絡窓口の明確化
> 事業者は、リスクを早期に発見することを目的として、連絡窓口を明確化すること。

　なお，専門職の中でも本書に深く関わる情報処理分野を取り扱う研究者

や技術者が所属する団体である情報処理学会の倫理綱領は次章で説明する.

専門職倫理は，個々の専門職という範囲を超え，専門職集団という社会的存在にとって必要不可欠なものとなっている．すなわち，専門職の職業は人間が他の多くの人々と一つの共同生活もしくは協力事業に参加し，そしてそれを彼らとともに実現していくための不可欠の，また普遍的な通路である[9].

しかし，専門職が職業を営む上で必要となる，してよいこととしてはいけないことについての固有の判断基準は専門職の職業ごとに異なる．以下では，このような専門職倫理の例として，① 政治倫理，② 医療倫理，③ 研究倫理を紹介する.

① 政治倫理
<例 政治倫理審査会>

政治家には権力と資金が多く集まることから，汚職や詐欺などの不正が発生しやすい．政治家の倫理について審査する組織が政治倫理審査会であり，政治家の行為の公正性・適切性を審査確認する.

② 医療倫理

医療倫理の四原則は，① 自律性の尊重 (respect for autonomy)，② 無危害 (non-maleficence)，③ 善行 (beneficence)，④ 公正 (justice) である．それぞれ，具体的には以下のとおり.

① 自律性の尊重
自分の意思で決定することのできる人が，選択する自由がある状況で，自身のことを自分で決め，行動すること
② 無危害
患者に危害を及ぼさないこと．また，今ある危害や危険を取り除き，予防すること
③ 善行
患者のために善をなすこと．最善を尽くすこと
④ 公正
患者を平等かつ公平に扱うこと

また，日本医師会が「医の倫理綱領」[10] をまとめている．

> 　医学および医療は、病める人の治療はもとより、人びとの健康の維持増進、さらには治療困難な人を支える医療、苦痛を和らげる緩和医療をも包含する。
>
> 　医師は責任の重大性を認識し、人類愛を基にすべての人に奉仕するものである。
>
> 1. 医師は生涯学習の精神を保ち、つねに医学の知識と技術の習得に努めるとともに、その進歩発展に尽くす。
> 2. 医師は自らの職業の尊厳と責任を自覚し、教養を深め、人格を高めるように心掛ける。
> 3. 医師は医療を受ける人びとの人格を尊重し、やさしい心で接するとともに、医療内容についてよく説明し、信頼を得るように努める。
> 4. 医師は互いに尊敬し、医療関係者と協力して医療に尽くす。
> 5. 医師は医療の公共性を重んじ、医療を通じて社会の発展に尽くすとともに、法規範の順守および法秩序の形成に努める。
> 6. 医師は医業にあたって営利を目的としない。

③研究倫理

文部科学省は研究資金を活用した研究活動について，不正行為を定義するガイドラインを定めている [11]．ガイドラインが対象とする不正行為は，発表された研究成果の中に示されたデータや調査結果等の捏造，改ざん，盗用である．

> (1) 捏造
>
> 　存在しないデータ、研究結果等を作成すること。
>
> (2) 改ざん
>
> 　研究資料・機器・過程を変更する操作を行い、データ、研究活動によって得られた結果等を真正でないものに加工すること。
>
> (3) 盗用
>
> 　他の研究者のアイデア、分析・解析方法、データ、研究結果、論

> 文又は用語を、当該研究者の了解もしくは適切な表示なく流用すること。

<例 JAXAの行動規範>

宇宙航空研究開発機構(Japan Aerospace Exploration Agency, JAXA)の行動規範 [12] では，研究活動において，捏造，改ざん，盗用の不正行為を行わないことだけでなく，次の事項を順守することを明示している．

> i. 捏造、改ざん、盗用に加担してはならないこと。
> ii. 第三者に対して捏造、改ざん、盗用をさせてはならないこと。
> iii. 捏造、改ざん、盗用が行われようとしていることを知ったときにそれを防止するよう努めること。
> iv. 捏造、改ざん、盗用以外の不正行為の防止に努めること。

このように日本の組織は行動規範を定めている．しかし，表面的に行動規範が定められていても，実態としては必ずしも組織全体に行動規範が徹底されていないことがある．多くの日本の組織で倫理に違反する事例が発生しており，JAXAでも過去に実験データの捏造・改ざん事件が発生している．以下では，この事件について説明する．

●事件 JAXA実験データの捏造・改ざん [13]

JAXAは，宇宙生活を模擬する地上の閉鎖環境施設で行った精神ストレスの研究において，実験データの捏造（ねつぞう）や改ざんなどの問題がJAXAの研究部門で多数あったことについて，計画段階からずさんで「適切に遂行されず信頼性を損なった」とする報告書をまとめた．

この件でJAXAは研究者2人や実施責任者を含む関係者を処分したが，理事はこの研究は成果として発表しておらず，「特定不正行為」には当たらないとした．

人を対象とする研究で倫理指針に適合しないことがあったとして，JAXAが会見で明らかにした主な実験不正は以下のとおりである．

・面談した研究者が2人だったにもかかわらず3人のように記録を書き換え，診断結果を捏造した事例が5つあった．

・研究者2人が面談結果を書き換えた改ざんが15件あった.

・面談の評価を巡りチーム内に合議と多数決の考えがあり, 客観的な指標や科学的合理性が精査されず, 最後まで認識が統一されなかった.

・計算ミス多数, データの鉛筆書き, 評価者名や日付の不記載があるだけでなく, 研究ノートがほとんど作られなかった.

・外部委員会の評価を受けたと計画書に虚偽の記載をしたり, 研究機関の長の許可を受けずに研究したりした例があった.

・実験協力者から一部のインフォームド・コンセント (十分な事前説明と自由意志による同意) を得なかった.

・規定された進捗状況の管理がなかった.

　この事件の主な原因は, ① 医学研究の経験や知見をもつ人材や指導者, 倫理意識の醸成が不足していたこと, ② 評価法の合理性確保や進捗の確認などで管理の不備があったこと, ③ 組織として医学研究の認識が甘く経験不足で, 倫理審査委員会などに指摘されるまで改善を図らなかったことなどである. 「忙しくて研究に専念できなかった」という言い訳は通じない, ずさんな研究である. もし, このような状況であれば研究に着手させるべきではない. 研究倫理が欠落した事件である.

参考文献

[1]　梶谷剛：『工学倫理・工学者倫理』, アグネ技術センター (2017).

[2]　小倉志祥：『岩波講座 哲学 XV 宗教と道徳』, 岩波書店 (1968).

[3]　鞆大輔：『学生時代に学びたい情報倫理』, 共立出版 (2011).

[4]　日本図書館情報学会用語辞典編集委員会『図書館情報学用語辞典 第5版』, 丸善出版 (2020).

[5]　山本喜一監修, 久保木孝明：『情報社会と情報倫理―リスクマネジメント, コンプライアンス, システム監査―』, 近代科学社 (2011).

[6]　土屋俊監修, 大谷卓史編著：『情報倫理入門 (改訂新版)』, アイ・ケイ・コーポレーション (2014).

[7]　IEEE, Code of Ethics
https://www.ieee.org/about/corporate/governance/p7-8.html (2025年2月5日参照)

[8]　日本ネットワークセキュリティ協会「サイバーセキュリティ業務における倫理行動宣言」2019

https://www.jnsa.org/cybersecurity_ethics/（2025年2月5日参照）

[9]　尾高邦雄：『職業の倫理』，中央公論社 (1970).

[10]　日本医師会「医の倫理綱領」
https://www.med.or.jp/dl-med/doctor/rinri/inorinri_leaflet.pdf（2025年2月5日参照）

[11]　文部科学省「研究活動の不正行為等の定義」
https://www.mext.go.jp/b_menu/shingi/gijyutu/gijyutu12/houkoku/attach/1334660.htm（2025年2月5日参照）

[12]　宇宙航空研究開発機構「宇宙航空研究開発機構における研究の公正な推進のための研究者行動規範」2015
https://www.jaxa.jp/about/fund/fund05.pdf（2025年2月5日参照）

[13]　科学技術振興機構「JAXA精神ストレス研究で捏造，改ざんなど多数 研究者や古川飛行士処分へ」2022.11.28
https://scienceportal.jst.go.jp/newsflash/20221128_n02/（2025年2月5日参照）

第2章
技術者倫理

2.1　技術者倫理の必要性

科学技術と倫理については，技術者が開発した製品やシステムが社会に及ぼす倫理的影響を考慮することが重要になる．このため，次世代の技術者を育てるための倫理教育では，「約束を守る」，「嘘をつかない」という道徳を越えた技術者倫理を具体化する必要がある [1,2]．

定義　技術者倫理教育

「約束を守る」，「嘘をつかない」という日常倫理を越えた倫理をわきまえた，次世代の技術者を育てるための教育．

2.2　倫理原則

倫理原則の例として，情報処理学会と電子情報通信学会，技術士会の倫理綱領を説明する．

2.2.1　情報処理学会倫理綱領

まず，情報処理技術者のための代表的な倫理綱領として，情報処理学会の倫理綱領 [3] を説明する．この倫理綱領では，情報処理学会の会員が1.社会の一員，2.専門家，3.組織責任者として順守すべき行動規範を提示している．以下にそれぞれの詳細を記す．なお，情報処理学会では行動規範の前提として，情報処理技術が国境を越えて社会に対して強くかつ広い影響力をもつことを認識すること，情報処理技術が社会に貢献し公益に寄与すること，情報処理技術の研究，・開発および利用に当たって適用される法令に従うことを求めている．

1. 社会の一員として
   1.1　他者の生命、健康、安全、財産を侵害しない。

1.2　他者の人格とプライバシーを尊重する。

1.3　他者の知的財産権と知的成果を尊重する。

1.4　情報システムや通信ネットワークおよびデータの運用規則や利用規則を順守する。

1.5　倫理的かつ持続可能な慣行の順守に努める。

1.6　社会における文化の多様性に配慮し、すべての人を公平かつ敬意を持って扱い、性別、性的指向・性自認、障がい、年齢、出身国、人種、信仰・信条などの特性に基づく差別を行わない。

1.7　いかなる種類のハラスメントも行わず、また学会活動等におけるハラスメントの防止に務める。

1.8　虚偽または悪意のある行動、噂、またはその他の口頭または身体的虐待によって、他者、その財産、評判、または雇用を傷つけないようにする。

1.9　他者や環境を危険にさらす可能性のある情報を得た場合は、迅速に開示するか、もしくは関係者に通知する。

2.　専門家としての行動規範

2.1　たえず専門能力の向上に努め、業務においては最善を尽くす。

2.2　事実やデータを尊重する。

2.3　情報処理技術がもたらす社会やユーザへの影響とリスクについて配慮する。

2.4　依頼者との契約や合意を尊重し、依頼者の秘匿情報を守る。

2.5　可能な限り、実際のまたは認識された利益相反を回避し、それらが存在する場合は影響を受ける当事者に開示する。

2.6　専門的活動における違法行為を回避し、あらゆる形態の贈収賄を拒否する。

3.　組織責任者としての行動規範

3.1　情報システムの開発と運用によって影響を受けるすべての

> 人々の要求に応じ、その尊厳を損なわないように配慮する。
>
> 　3.2　情報システムの相互接続について、管理方針の異なる情報システムの存在することを認め、その接続がいかなる人々の人格をも侵害しないように配慮する。
>
> 　3.3　情報システムの開発と運用について、資源の正当かつ適切な利用のための規則を作成し、その実施に責任を持つ。
>
> 　3.4　情報処理技術の原則、制約、リスクについて、自己が属する組織の構成員が学ぶ機会を設ける。
>
> 　3.5　会員がこの倫理規定に従うことを支援し、規定が順守されるように努め、違反を報告した個人を保護し報復を行わない。

　情報処理学会の倫理綱領では，「必ずしも会員個人が直面するすべての場面に適用できるとは限らず、研究領域における他の倫理規範との矛盾が生じることや、個々の場面においてどの条項に準拠すべきであるか不明確（具体的な行動に対して相互の条項が矛盾する場合を含む）であることもあり得る」こと，したがって「具体的な場面における準拠条項の選択や優先度等の判断は、会員個人の責任に委ねられるものとする」ことを注意している [3].

　すなわち，倫理綱領は倫理的原則としての，「一般化された原則」の集まりである．具体的な行為を指示したり，禁止したりしてはいない．個別的な状況に適用するために，原則を解釈する必要がある．

2.2.2　電子情報通信学会倫理綱領

　電子情報通信学会倫理綱領 [4] の前文は，以下のとおりである．

> 　電子情報通信技術が現代社会において果たす役割とその可能性は極めて大きい。一方で，この技術の根元である電子や電波あるいは物理的実体のない情報は直接的な理解が難しいばかりではなく，電子情報通信技術の発達や普及が長期的にどのような影響を及ぼすか明確に見通すことも容易ではない。
>
> 　電子情報通信技術に関わる者は，電子情報通信技術のこのよう

な特質を深く理解し，自らの職業的実践および専門的活動を通じて，全人類社会の健全な発展と地球環境の保全に貢献する責務がある。

本学会員は，これらを認識して広く電子情報通信技術者が誠意と良識をもって職務を遂行することで尊敬される専門職となることを切望し，次の倫理綱領を順守する。同時に，本学会は，電子情報通信技術者がこの倫理綱領に合致した行動を取ることができるように，教育と支援に努める。

電子情報通信学会の倫理綱領の原則は以下のとおり．

1. [基本原則] 公正と誠実を重んじ，他者の権利を尊重する。
2. [技術の目的] 電子情報通信技術の研究開発と活用を通じて，人々の安全，健康，福利の向上と社会の発展を目指す。
3. [技術の重要性の認識] 電子情報通信の社会活動における重要性を理解し，電子情報通信技術とその活用によって生じる，人間・社会および地球環境への影響を客観的に明らかにする。
4. [品質保証] 専門家として職務に最善を尽くし，成果の品質維持と向上を図る。
5. [契約順守] 公益に配慮しつつ，職務上取り交わした契約を順守する。
6. [事実の尊重] 事実に基づき誠実に行動し，信頼性の高い発表と評価を行う。
7. [オリジナリティの尊重] 他者の創意工夫や成果を尊重する。
8. [相互協力] 専門家としての良心に基づいて自由な討論を促し，進んで他者と協力する。
9. [自己啓発と教育] 自己の専門能力の維持・向上に努めるとともに，技術者および公衆に対する教育を積極的に行う。
10. [法令の学習] 職務に関連する法令や規則を継続的に学習し，順守する。

上記のうち 3. [技術の重要性の認識] 原則では，技術開発の目的が社会の

発展にあることを明記している．また，3. [技術の重要性の認識] 原則で，開発した技術が地球環境や人間・社会に与える影響を客観的に明らかにすべきだとしている．すなわち，ただ新たな技術を開発すればいいというのではなく，「我々が開発しようとしている技術が地球環境や人間・社会にとって正しい技術なのか」という問いに答える必要がある．このように，これらの原則を表層的に捉えるのではなく，我々が専門職として開発・利用する技術がこれらの原則を満たすことを確認することが重要である．正しい技術を正しく開発する上で，これらの倫理原則は有用な道標になる．

　AIやデータサイエンスの発展においてはビッグデータの収集と利活用による将来予測の威力が示される一方で，プライバシーへの脅威や，民主主義の自由などの基本的な社会的・倫理的価値の動揺などの問題がある．また，IoT機器によるさまざまなデータ収集と利活用はプライバシーへの懸念を生んでいる．このため，電子情報通信学会は倫理綱領・行動指針を改訂する計画である [5].

2.2.3　技術士会倫理綱領

　次に，技術士会の倫理綱領を紹介する．科学技術を応用して社会に大きく貢献する技術者としての技術士は，現代社会の重要課題に十分に応えていかなければならない．このことから，技術士倫理綱領 [6] では10条項と7原則を提示している．

　10条項は，安全・健康・福利の優先，持続可能な社会の実現，信用の保持，有能性の重視，真実性の確保，公正かつ誠実な履行，秘密情報の保護，法令等の遵守，相互の尊重，継続研鑽と人材育成である．10条項の内容は次のとおりである．

（安全・健康・福利の優先）
1. 技術士は、公衆の安全、健康及び福利を最優先する。
　(1) 技術士は、業務において、公衆の安全、健康及び福利を守ることを最優先に対処する。
　(2) 技術士は、業務の履行が公衆の安全、健康や福利を損なう可能性がある場合には、適切にリスクを評価し、履行の妥当性を客

観的に検証する。

（3）技術士は、業務の履行により公衆の安全、健康や福利が損なわれると判断した場合には、関係者に代替案を提案し、適切な解決を図る。

（持続可能な社会の実現）

2.　技術士は、地球環境の保全等、将来世代にわたって持続可能な社会の実現に貢献する。

（1）技術士は、持続可能な社会の実現に向けて解決すべき環境・経済・社会の諸課題に積極的に取り組む。

（2）技術士は、業務の履行が環境・経済・社会に与える負の影響を可能な限り低減する。

（信用の保持）

3.　技術士は、品位の向上、信用の保持に努め、専門職にふさわしく行動する。

（1）技術士は、技術士全体の信用や名誉を傷つけることのないよう、自覚して行動する。

（2）技術士は、業務において、欺瞞的、恣意的な行為をしない。

（3）技術士は、利害関係者との間で契約に基づく報酬以外の利益を授受しない。

（有能性の重視）

4.　技術士は、自分や協業者の力量が及ぶ範囲で確信の持てる業務に携わる。

（1）技術士は、その名称を表示するときは、登録を受けた技術部門を明示する。

（2）技術士は、いかなる業務でも、事前に必要な調査、学習、研究を行う。

（3）技術士は、業務の履行に必要な場合、適切な力量を有する他の技術士や専門家の助力・協業を求める。

（真実性の確保）

5.　技術士は、報告、説明又は発表を、客観的で事実に基づいた情

報を用いて行う。

　(1) 技術士は、雇用者又は依頼者に対して、業務の実施内容・結果を的確に説明する。

　(2) 技術士は、論文、報告書、発表等で成果を報告する際に、捏造・改ざん・盗用や誇張した表現等をしない。

　(3) 技術士は、技術的な問題の議論に際し、専門的な見識の範囲で適切に意見を表明する。

（公正かつ誠実な履行）

6.　技術士は、公正な分析と判断に基づき、託された業務を誠実に履行する。

　(1) 技術士は、履行している業務の目的、実施計画、進捗、想定される結果等について、適宜説明するとともに応分の責任をもつ。

　(2) 技術士は、業務の履行に当たり、法令はもとより、契約事項、組織内規則を遵守する。

　(3) 技術士は、業務の履行において予想される利益相反の事態については、回避に努めるとともに、関係者にその情報を開示、説明する。

（秘密情報の保護）

7.　技術士は、業務上知り得た秘密情報を適切に管理し、定められた範囲でのみ使用する。

　(1) 技術士は、業務上知り得た秘密情報を、漏洩や改ざん等が生じないよう、適切に管理する。

　(2) 技術士は、これらの秘密情報を法令及び契約に定められた範囲でのみ使用し、正当な理由なく開示又は転用しない。

（法令等の遵守）

8.　技術士は、業務に関わる国・地域の法令等を遵守し、文化を尊重する。

　(1) 技術士は、業務に関わる国・地域の法令や各種基準・規格、及び国際条約や議定書、国際規格等を遵守する。

　(2) 技術士は、業務に関わる国・地域の社会慣行、生活様式、宗

教等の文化を尊重する。

（相互の尊重）

9. 技術士は、業務上の関係者と相互に信頼し、相手の立場を尊重し協力する。

　(1) 技術士は、共に働く者の安全、健康及び人権を守り、多様性を尊重する。

　(2) 技術士は、公正かつ自由な競争の維持に努める。

　(3) 技術士は、他の技術士又は技術者の名誉を傷つけ、業務上の権利を侵害したり、業務を妨げたりしない。

（継続研鑽と人材育成）

10. 技術士は、専門分野の力量及び技術と社会が接する領域の知識を常に高めるとともに、人材育成に努める。

　(1) 技術士は、常に新しい情報に接し、専門分野に係る知識、及び資質能力を向上させる。

　(2) 技術士は、専門分野以外の領域に対する理解を深め、専門分野の拡張、視野の拡大を図る。

　(3) 技術士は、社会に貢献する技術者の育成に努める。

定義　利益相反

　ある行為により，一方の利益になると同時に他方への不利益になる行為のこと．

＜例　利益相反取引＞

　会社法では，「会社が取締役の債務を連帯保証する場合や，取締役が自己又は第三者のために会社と取引をする場合など，取締役と会社との利害が相反する取引」を利益相反取引と言う．

　7原則は，公衆優先原則，持続性原則，有能性原則，真実性原則，誠実性原則，正直性原則，専門職原則である．

　技術士会倫理綱領の10条項と7原則の内容を表2.1にまとめる [6]．

表2.1　技術士会倫理綱領と7原則[6]

技術士倫理綱領	7原則	説明
安全・健康・福祉の優先	公衆優先原則	公衆の安全，健康等の利益を守ることを最優先
持続可能な社会の実現	持続性原則	自然環境と人工環境を守り，質の向上に努める
信用の保持	正直性原則	秘密の確保と信用の保持
有能性の重視	有能性原則	専門範囲以外の事項の表示や誇大広告をしない
真実性の確保	真実性原則	業務目的，内容，結果について説明責任を遂行
公正かつ誠実な履行 秘密情報の保護	誠実性原則	業務履行で，事前に自分の立場，業務範囲等を明確化
法令等の遵守 相互の尊重 継続研さんと人材育成	専門職原則	相互の協力と法規の順守

　情報処理学会や電子情報通信学会の倫理綱領に比べると，技術士倫理綱領は雇用者との関係や利益相反，秘密保持などに言及している点で具体的である．

　企業で活躍する専門職は学会の倫理綱領だけでなく，より実践的な技術士倫理綱領に基づいて，自らの行動規範を自律的に確立することが大切である．技術者が自らの行為の善悪を問われる状況に直面したときに，「どの専門職倫理綱領にも明記されていなかったから悪いことだとは知らなかった」という寂しい言い訳をすることがないようにしたいものである．

参考文献

[1]　梶谷剛：『工学倫理・工学者倫理』，アグネ技術センター(2017).

[2]　ABET: Accreditation Board for Engineering and Technology
https://www.abet.org/（2025年2月5日参照）

[3]　情報処理学会「倫理綱領」2022
https://www.ipsj.or.jp/ipsjcode.html（2025年2月5日参照）

[4]　電子情報通信学会「電子情報通信学会倫理綱領」2011
https://www.ieice.org/jpn/about/code1.html（2025年2月5日参照）

[5]　電子情報通信学会：倫理綱領・行動指針の改定について，『信学会誌』，vol.106, No.3, p.220 (2023).

[6]　日本技術士会，技術士倫理綱領
https://www.engineer.or.jp/c_topics/001/attached/attach_1285_1.pdf（2025年2月5日参照）

第3章

企業倫理

3.1　企業倫理の必要性

1970年代にアメリカ企業において不祥事が続き，これを背景として企業の行動を道徳的に高めていこうという動きが始まった．企業が社会的責任を認識し，その責任を果たすための仕組みを創り上げるべきという考えが企業倫理（経営倫理, Business Ethics）である．

3.1.1　コンプライアンス

ある状況下で守るべき法令や規範を企業が順守して行動することがコンプライアンスである．コンプライアンスは「法律を守ること」であるから，法令順守とも呼ばれる．企業は法令を守り信頼されるように，正直に，真実に即して行動する必要がある [1].

定義　コンプライアンス

ある状況下で守るべき規範があるとき，その規範を順守して，行動すること．

企業がコンプライアンス違反をした際に，マスコミが一体となって企業に非難の集中砲火を浴びせると，行政側は批判の矛先が自分たちに向かってこないように「責任回避」的な行政指導や処分を行うことがある．それがまたマスコミに新たな非難の根拠を与え，企業への批判を一層エスカレートさせるという悪循環が発生する．最終的には，企業が社会的に消滅する可能性もある．

この背景には，法令違反しているかいないかだけを基準に善悪を判断する「二分的思考法」がある．以下に紹介する事件は二分的思考法の代表的な例である．

●事件　不二家消費期限切れ

2007年1月に，不二家が消費期限切れ牛乳でシュークリームを製造販売したと記者会見で公表した．埼玉県朝霞保健所が臨時立ち入り検査を実

施し，マスコミ報道によって不二家の経営危機が深刻化した．このため，2008年11月に山崎パンが不二家を子会社化・経営再建し，2010年に黒字化した．

コンプライアンスが徹底されている倫理的な企業風土の特徴は以下のとおりである．
- ・倫理的な価値を経営者と従業員が認識・理解している
- ・従業員の倫理規定と経営層の責任が明文化されている
- ・最高経営者の言葉や施策が道徳的である
- ・利害相反に対する解決手続きがある

企業内に倫理意識を植え付けるのは容易ではない．ともすれば企業活動にとっては面倒なことだと軽視されがちである．倫理を軽視した不正行為のために社会的制裁を受けた企業は多い．倫理がもつ価値を従業員に理解させ，社内に浸透させる取り組みの例として倫理プログラムを紹介する．

●事例　倫理プログラム [2]
　1987年にアメリカの企業であるテキサス・インスツルメンツ社（TI社）の倫理担当取締役スクーグランドが社員の倫理意識を向上するために，「専門職にふさわしくない行動が許されるべきでない」として「倫理的な行動の支援・奨励」に力点を置いて，倫理プログラムを実施した．この倫理プログラムでは毎週ニュースレターを発行し，事例や関心事を紹介するだけでなく，秘密が守られる電話相談や利害相反に対する解決手続きを提供した．

3.1.2　世界の倫理と日本の倫理

　企業の社会的責任(Corporate Social Responsibility, CSR), Sustainable Development Goals, SDGsや環境・社会・統制に基づく企業経営(Environment, Social, Governance, ESG)など，ビジネスに関わる世界に広がる倫理的目標は，着実に企業の行動を変化させている．一方で世界と日本では倫理の考え方が異なることがある。世界共通の倫理規範に従うことが日本企業の伝統的な倫理と対立する場合，経営者の判断

が問われることになる.

　例えば,「世界標準とされる倫理に従うことは, 社会の価値観の革新を牽引するような事業の創造にはつながらないのでないか」という意見がある[3]. この立場は日本企業の伝統的な考え方に立っており, 世界の動向から目を背ける閉鎖的な態度である. 社会の価値観を牽引する事業が世界的な企業倫理に従わないのなら, 海外の投資家が反発するのは明らかで, そのような企業がグローバル市場で成長することはできないと思われる. 世界的な市場は世界標準に従うのであり, 国際的な行動規範を視野に入れないのは, 日本の経営者が伝統的な認知バイアスにとらわれているためである.

　以下に紹介するのは, 日本企業が世界標準の倫理に従わず問題になった例である.

●事件　東芝機械ココム違反

　ココム（対共産圏輸出統制委員会COCOM）は米国が提唱して1949年に発足した. 日本含む17か国で発足した条約効力のない約束であったが, 日本は外為法に基づく輸出貿易管理令で通産大臣承認の義務とした.

　1987年, 東芝機械はココムに違反していることを知りながら大型工作機械をソ連に輸出した. これが公になり, 1988年に米議会包括貿易法違反で東芝に3年間契約禁止制裁の措置がとられた. これを受けて東芝は再発防止策「コンプライアンスプログラム」を発表することになった.

3.2　企業の不正

　本節では, 企業が犯す不正として, まず社員による不正行為が発生する要因を説明する. 次いで, 企業が表面ではよい行いをアピールしながら, 陰では社会的には褒められない行為の実態を隠す行為について述べる. また, 社会的に問題のある製品を製造した結果生じる責任と製品の回収に係る不正行為について説明する.

3.2.1 不正の三角形

企業で不正行為が発生する条件として，① 機会，② 動機，③ 正当化が揃ったときに良識ある人間が違法行為を犯すという「不正の三角形」が知られている．

① 動機：何とかして問題を解決する必要がある

② 機会：不正行為を可能とする状況がある

③ 正当化：不正行為の選択が罪ではないとする自己中心的な理由がある

1953年にCresseyが銀行の横領犯へのインタビューでこの概念を発見し，その後1991年にAlbrechtによって「不正の三角形」と命名された（図3.1）[4]．まず，何とかして問題を解決しなくてはいけないという「動機」があり，かつ不正を働く「機会」がある．さらに，不正を犯すことが合理的だと「正当化」する理由がある．多くの不正行為はこの3つの条件が揃っていることが確認できる．このうちのどれか1つをなくすことができれば，「良識ある人間が違法行為を犯すこと」を防ぐことができる．

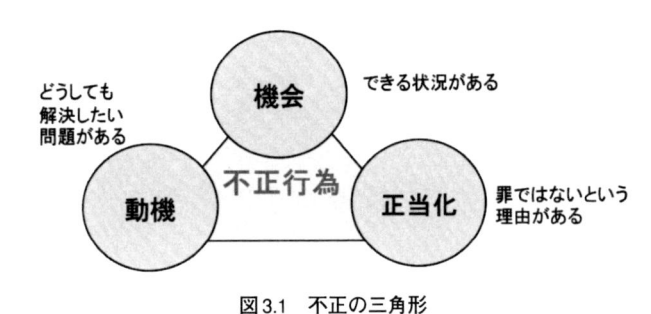

図3.1 不正の三角形

<例 いたずら動画の投稿>

① 動機

いたずら動画をSNSで公開するのは自慢だ．人がしないことをして目立ちたい．

② 機会

いたずらできる隙がある．SNSに登録できる環境がある．

③ 正当化

　事件になるとは知らなかった．この場合，悪いことは起きないという「正常化バイアス」が働いている．

＜例　企業機密情報の漏洩＞
① 動機
　承認欲求．重要な企業情報を知っているのは自慢だ．
② 機会
　企業の機密情報を見ている．SNSに登録できる環境がある．
③ 正当化（無知）
　法に触れる悪いこととは知らなかった．

　この2つの不正の三角形の事例から分かることは，機会を与えなければ企業が不正を防ぐことができた，ということである．逆に，動機や正当化は企業側で教育できるかもしれないが限界がある．自己中心的で人の意見を聞こうとしない人物には正論や法は意味をもたない可能性が高く，不純な動機をもつなと言っても無駄であろう．つまり，動機と正当化を企業側で制御するのは困難である．しかし，機会を与えないようにすることはできる．内部不正を防ぐには，可能な限り機会を制御し，不正が発生しないようにする必要がある．

　2024年に発覚した日本のある大手都市銀行の貸金庫の窃盗事件でも，銀行の貸金庫の管理職員が顧客の貸金庫のスペアキーを使って貸金庫の中身を窃取した．本来なら，鍵の管理を第三者が担当するとともに鍵の使用履歴の保存と監査を徹底することで，不正な鍵の使用を発見できたと思われる．しかし実際には性善説に立つことで，まさかそのような不正を働く機会があったとは考えなかった．だから，不正の機会が生まれて内部不正が発生したのである．

　この窃盗事件の被疑者が銀行の管理者であったことから，倫理教育を受けていなかったとは考えにくい．倫理教育を十分受けていたはずの管理者でも不正行為を働くことがあることを企業が認識することが重要である．倫理教育は重要だが，限界がある．不正機会が発生しない組織的な仕組みを用意する必要がある．企業は不正の三角形が発生すること，動機と正当

化は個人に依存するから，企業が制御しようとしても限界があること，不正を防ぐには，不正の機会が発生しないように制御する仕組みを確立することが必要だと肝に銘じるべきである．

3.2.2 ウォッシング

・エシックス・ウォッシング

倫理的・法的・社会的課題 (Ethics, Legal, and Social Issues) を総称してELSIと言う．

定義　エシックス・ウォッシング

ELSIに配慮していることを装い，自分たちを正当化する行為．

エシックス・ウォッシング以外にも，ESGウォッシング，SDGsウォッシング，CSRウォッシングなど，企業理念の範囲を超えた領域で企業倫理が問われるようになっている．

・グリーンウォッシング

地球環境を総称して「グリーン」と呼ばれることが多い．エシックス・ウォッシングの一種としてグリーンウォッシングがあり，EUがグリーンウォッシング禁止法を採択している [5]．

定義　グリーンウォッシング

実質を伴わない環境訴求．

製品がもつ循環性の例には，環境や社会への影響，耐久性，修理可能性などがある．実質を伴わない環境訴求の例には，「環境に優しい」「エコロジカル」「グリーン」「自然に優しい」「エネルギー効率の良い」「生分解性」「バイオベース」などの表示がある．

企業が製品について環境訴求する場合は，明確かつ客観的で検証可能な約束としてのコミットメントが必要であり，上記の例のようなコミットメ

ントのない広告は禁止される．そのため環境訴求では，測定可能な目標や達成期限など現実的な実施計画と，第三者機関による定期的な検証が必要になる．

●事例　JERAのグリーンウォッシュ広告

国内最大のCO_2排出企業であるJERAが，アンモニア混焼による石炭火力発電事業を「CO_2の出ない火」として広告を展開している．環境NGOと弁護士団体がこの広告は「グリーンウォッシュ広告だ」として，日本広告審査機構(JARO)に広告中止の勧告を申し立てたが，JAROは申し立てを審査しないと通知した [6].

JAROは広告に対する相談者からの意見を受けると，広告主に回答を求め，公正な立場で審査を行い，広告・表示の適正化を図るとしている [7]. それでも本件で審査しないことになったのは，広告主であるJERAの意向をJAROが無視できなかったのかもしれない．JAROの構成を見ると，広告主，媒体社（新聞・放送・出版・インターネット），広告会社，広告制作会社など広告に関連する企業が主体であった．これでは，大広告主と正面から対立する申し立ての審査に入るのは難しい．

このため，申し立てを行った環境NGOが化石燃料関連企業の「誇大広告」の禁止を呼びかけている国連のグレーレス事務総長に情報提供した [8].

3.2.3　製造物責任法

定義　製造物責任法（PL (Product Liability)法）

製造物の「欠陥」が立証されれば，「過失」の有無を問わないで製造者に「損害賠償責任」を課す．

製造物の「欠陥」は検査により立証できるから，「過失」よりも立証が容易である．日本では1995年から施行された．

PL法のポイントは，厳格責任，保証期間，開発期間の免責である [1].

・厳格責任…被害者は，加害者の過失の有無を問わず製造者に損害賠償請求できる．

・保証期間…PL法の保証期間は10年だが，その10年を過ぎても損害賠償請求されることがある．長期にわたる製品保証は開発コストに反映されるから，保証期間と価格の関係を消費者に説明する合意形成が必要である．

・開発期間の免責…新製品の潜在リスクを開発段階で完全に把握するのは困難である．開発期間における最高の技術水準に基づいて予知できなかったリスクは免責される．

PL法の制定理由は，被害者による加害者の過失の立証が困難であることや，故意または過失によって個人の権利・利益を侵害した場合に，その賠償責任義務を負う不法行為法がなかったことである．

不法行為法の成立要件は，① 受けた損害，② 加害者の過失，③ 損害の原因が過失にあるという因果関係からなり，被害者が加害者の故意・過失を立証する過失責任主義による．

3.2.4 リコール

定義　リコール

自動車の設計・製作に問題があり，構造・装置・性能が安全・公害防止の規定に適合しない（しなくなるおそれがある）とき，運輸省に届け出て自動車を回収し，無料で修理する制度（1969年に法制化）．

リコール制度は，技術的製品の安全性を高めるために必要な社会制度である．危険を知りながらクレーム情報を隠すのは，故意の悪質行為である．

●事件　三菱自動車リコール隠し

2000年7月，匿名情報から運輸省の特別監査でリコール隠しが発覚し，三菱自動車がリコールを届け出た．同年8月，警視庁が道路運輸車両法違反（虚偽報告）で本社などを家宅捜索．同法初の強制捜査となった．

この三菱自動車のリコール隠しでは，ユーザーからのクレーム情報のうち，リコールに該当しないリストだけを提出して虚偽報告していた．例えば，開示しないクレーム情報に「H」マークを付け2重管理していた．これ

らは品質保証部のグループ長（課長級幹部）が中心となって処理し，品質保証部長に報告していた．

リコール隠しが起きる理由は順法意識の欠如である [9]．不正の三角形でリコール隠しを分析すると以下のとおりになる．

① 動機

　お粗末な車を販売しているイメージをももたれるのは企業のイメージダウンにつながるためリコール件数を最少化したい，リコール手続きは時間がかかるため独自に改修して早く修理したい，などの動機がある．

② 機会

　リコールを申告しない，という隠蔽できる機会がある．

③ 正当化

　組織の一員として組織文化を変えるのは難しい，前の担当者がやっていたから自分も隠していい，と正当化する．

このように，企業倫理が公衆の利害に反するとき社員が内部告発できるかというのは難しい問題である．次節で内部告発について説明する．

3.3　内部告発

前節に記したように，技術的製品の安全性を高めるために必要な社会制度としてリコール制度がある．危険を知りながらも企業がクレーム情報を隠すのは故意の悪質行為であり，法令違反である．

3.3.1　内部告発と公益通報

リコール隠しのように，企業の行為が公衆の利害に反するとき，内部告発できるかという問題が従業員に発生する．従業員には，内部告発することが社内での立場に悪影響を及ぼすというリスクがある．

定義　内部告発

　組織に所属する構成員が，組織内の不正行為を組織外の信頼できる組織（行政機関，司法機関，報道機関など）に通報すること．内部告発は警笛鳴らし(Whistle blowing)とも呼ばれる．

内部告発の例には以下のものがある．
・企業・組織の被雇用者が，組織内の不正を通報
・公務員が，所属機関の他の公務員による違反行為の事実を通報
・業界コミュニティのメンバーが，他のメンバーの不正を通報
・地域コミュニティの市民が公共機関や公務員の不正を通報
なお，内部告発は公益通報の一種である．

定義　公益通報

　労働者または派遣労働者が，労務提供先の事業者において法律に規定する罪の犯罪行為の事実が生じ，またはまさに生じようとしている旨を，
　（A）労務提供先もしくはその指定先
　（B）権限のある行政機関
　（C）発生や被害拡大の防止に必要と認められる者
に通報すること．

　公益通報を行った人を守る法律として，公益通報者保護法がある．公益通報者保護法の目的は，正当な公益通報を行った人が企業・組織内で不当な扱いを受けることを防ぐことと，企業・組織の不祥事が続発するのを受けて，組織内での不正の告発や，組織外の機関への通報を行いやすくし，危害の発生を未然に防ぐことである[10]．

　ただし，公益通報者保護法は緊急を要する場合だけを対象とすることに注意する必要がある．

　また，内部告発と似た言葉として内部通報がある．内部通報も内部告発

と同じ公益通報の一つである．内部通報が内部告発と違うのは，組織外ではなく組織内の部署（例えば，内部通報窓口）に通報する点である．日本では内部告発しても企業内で隠蔽され，通報者の権利が守られないことが多い．これは経営者が内部通報に消極的だからというだけでなく，従業員の倫理意識が低いからである．このような場合は内部通報しても隠蔽されるだけので，内部告発することになる．公益通報者保護法を強化して，組織内に踏み込んで公正な内部通報制度を企業や組織が確立するようにしなければならない．

3.3.2　仕事上の倫理問題対策

　仕事上の倫理問題対策としては，周りの人たちと話し合うことやグループ活動の場に事例を持ち出すことが考えられる．また，身近に信頼できる人がいれば相談できる．担当部署が信頼できれば相談することも考えられるが，日本企業の場合，後述する例に見るように信頼できないことも多い．そのため倫理問題に関連する事案が起きたら，まず自分や関係者の言動を正確に記録して残すことができれば客観的な証拠として役立つので実践したい．

　米国では，企業などの組織で個人または一部の人々が不正行為を行う不祥事を事前に防止するため，上司や組織幹部または専門窓口，時には監督官庁などへ内部告発する行為を「警笛鳴らし」と呼んでいる．

　一方，日本では社会や市場からの締め出し，および経営トップのメディアでの陳謝をなくすために，どんな情報も企業窓口で収集し，その情報に基づいて調査を行い，不正行為の明確化と防止対策を行っている．日本の内部告発情報には警笛鳴らし情報だけではなく個人的な利益や報復を目的とした密告やタレコミなども含まれているため，今後日本でも技術者倫理が浸透させ，密告を除外した「警笛鳴らし」に移行する必要がある [11]．

　公益通報を行う場合，通報の方法には① 名乗って公表する，② 匿名を条件で通報する，③ 匿名の投書・電話で通報する，④ 内部者が個人的な利益のために匿名を条件として雇用者の競争相手・報道機関に通報する，というものがある．方法①は，雇用者に身元が知られるので報復の可能性が

ある．方法②は通報先は通報者の身元を公表せず，方法③は通報先にも身元は不明である．ただし，方法②③は報復はないが保護もない．方法④は，公益よりも個人的な利益を目的とする点で，密告とも言える．

いずれにしても，通報者を孤立させないためにはコミュニティが有用である．職場で信頼できる人の集まりやコミュニティを築くことで，仲間と対話・相談することができる．

3.3.3 企業倫理違反の事例

●事件 ビッグモーターによる保険金不正請求

ビッグモーターの保険金不正請求について，2021年秋に従業員から損害保険の業界団体に内部告発があった [12]．2022年夏に損保会社からビッグモーターへ自主調査の依頼があり，調査の結果，経営陣は「連携不足やミスが原因で，組織的な不祥事ではない」と処置した．

2023年1月，マスコミ報道を受けてビッグモーターは第三者による特別調査委員会を設置した．第三者委員会が損害保険大手各社に提出した調査報告書によれば，ゴルフボールを靴下に入れて車体を叩く，ドライバーで傷つけるなどして，修理費用を水増しして保険金を請求していたことが発覚した．これを受けて消費者庁は同年8月3日，ビッグモーターに対して公益通報者保護法に基づく報告を求めた．従業員300人以上の企業は内部の公益通報体制を構築することなどが義務付けられているが，ビッグモーターでは体制を整備していなかった [13]．

2024年5月1日，伊藤忠商事を中心とする企業連合によるビッグモーターの買収が発表された [14]．

この事件の根底には，企業倫理の欠如があると考えられる．企業の倫理対策には，① 倫理委員会の設置，② 担当役員の任命，③ コンプライアンス部門の設置，④ ヘルプラインの設置，⑤ 役職員研修の実施，⑥ 意識調査の実施がある．これらの対策によって期待できる効果等を以下に示す．

① 倫理委員会の設置

　倫理委員会では，企業が新たな戦略やプロジェクトを立案する際に倫理基準に基づいて妥当性を評価するとともに，遂行過程で発生する諸問題の解決を図り，成果の社会的な影響を評価し，必要な改善を図る．

② 担当役員の任命

　担当役員（最高倫理責任者，Chief Ethics Officer）を任命することにより，包括的な企業活動の倫理責任者を明らかにできる．最高倫理責任者は，企業内の活動や意思決定が倫理的であることを保証し，外部に企業倫理に対する説明責任を遂行する責任者である．

③ コンプライアンス部門の設置

　コンプライアンス部門は，最高倫理責任者の下で企業内のすべての活動や意思決定が倫理的であることを，客観的な根拠に基づいて保証する．

④ ヘルプラインの設置

　ヘルプラインを設置することにより，従業員に対して内部通報の窓口を提供できる．ヘルプラインの運用に当たっては，組織内の不正行為を隠蔽することなく，通報者の権利を保護する必要がある．また，公正な運用が求められる．なお，ヘルプラインの設置だけでは社内倫理を確立できないことに注意が必要である．

⑤ 役職員研修の実施

　企業倫理について，役職員研修を全社で実施すべきである．業績を上げることだけに焦点を当てると，「今だけ，この仕事だけ，自分だけ」という個別最適に陥りがちである．業績だけを追求したために企業不正が拡大した例は多い．全役職員に対して継続的な企業倫理研修が必要である．

⑥ 意識調査の実施

　従業員の意識調査を継続的に実施することにより，企業倫理が定着していることを確認する必要がある．企業の行動規範に即して企業倫理の評価基準を定義することにより，定量的な従業員の倫理意識を測定できる．

　上述したように，企業が倫理を守るためには，組織体制を整備するだけでなく適切に運営していくために相当な努力が必要である．しかし，残念なことに倫理から逸脱する行為が企業内で発生してしまうことがある．以

下の事例がこのことを示している.

●事件　雪印食品牛肉偽装 [1]
2001年10月　狂牛病のおそれのある牛肉の流通を防ぐために，全頭検査が開始された.
2002年1月　雪印食品が制度対象外の豪州牛肉を国産牛の箱に詰めて業界団体に買取を申請したところ，兵庫県の西宮冷蔵が雪印食品の偽装工作を告発した.
同年10月　国土交通省神戸運輸管理部が倉庫業法に基づき，輸入牛肉を国産牛肉とする在庫証明書を発行した西宮冷蔵を7日間の営業停止処分とした.
同年11月　西宮冷蔵が廃業した.
　西宮冷蔵の水谷社長は，「廃業は悔しいが，食の安全への関心を高めるきっかけになったことで意義はあった」と述べた.

●事件　ダイハツ認証不正
2023年4月　内部告発により，販売累計約8万8000台の海外向けダイハツ車両のドアトリム側面衝突試験での認証不正行為が発覚した.
同年5月　設置された調査委員会で販売累計約7万8000台分のポール側面衝突試験での認証不正行為が発覚した.
同年12月　調査報告で，試験合格のために不正加工・調整をするなど174件の不正行為を公表した.
　本件では，ごく普通の従業員がやむにやまれぬ状況に追い込まれて不正行為に及んだ理由として，過度にタイトで硬直的な開発スケジュールによる極度のプレッシャー，現場任せで管理者が関与しない体制，レポーティングラインの機能不全を挙げている.
　また，第三者委員会による調査報告書 [15] では，内部通報制度の運用問題を指摘している. ダイハツには内部通報制度「社員の声」があるが，社員は「社員の声」制度に期待や信頼を寄せていなかった. この理由には，事案が発生した部署が調査することや，匿名通報は信憑性が低いとされて対応結果が通報者に回答されなかったことなどが挙げられ，社員が内部通

報制度や会社の自浄作用に対する疑念を強める要因になったとしている.

　開発・認証プロセスに対する社内監査モニタリング問題では，チェック体制の不備によりブラックボックス化した職場環境，法規の不十分な理解，現場担当者のコンプライアンス意識の希薄化，認証試験の軽視があったと指摘している.

　さらに，不正対応措置を講じず短期開発を推進した経営の問題では，開発部門の組織風土の問題として，現場と管理職，部署間のコミュニケーション不足，「できて当たり前」の発想および失敗に対する激しい叱責・非難，全体的な人員不足で目の前の仕事で精一杯，という点を指摘している.

　この認証不正事件では倫理的な従業員と非倫理的な管理者の間で対立があったと思われる．このような管理者による非倫理的な意思決定は非倫理的計算に基づくと考えられている.

定義　非倫理的計算 (Amoral calculation)
　　組織目標を遂行するため，管理者が意図的にルールを違反すること.

非倫理的計算の例としてフォード社のピント事件を紹介する [16].

●事件　フォード社のピント

　フォード社では「ピント」の事故が続いていたことから，ピントをリコールするかどうかの意思決定が必要になった．このとき，ピントのリコール費用と，事故の賠償金のどちらが大きいか計算して，リコールしないと判断したと言われている．しかし実際は，ガソリンタンクの配置設計において安全な配置を採用するとコストがかかるので，多少危険でも低コストの配置を選択したと言える．この意思決定がされたのは，設計変更によるコスト増加よりも事故の賠償金が安いと比較したのではなく，安全性を客観的に評価していなかったことに原因があるとされる [17].

　次に紹介するチャレンジャー号の事件でも経営陣による非倫理的計算があったことが原因と説明されることが多いが，チャレンジャー号の機体の安

全性を客観的に保証することが困難であることが原因だという見方もある.

●事件　チャレンジャー号事故　[18]
　スペースシャトルには,液体燃料ロケット部と再利用する固体燃料ブースター部がある.固体燃料ブースターは輪切りになっていて,打ち上がるとパラシュートで海に落として再利用する.このブースター部の製作をモートン・サイオコール社が担当し,フィールドジョイント部で輪切り部分をつないでいた.フィールドジョイント部には密閉するためにゴム製Ｏリングが使用されていた.しかし,低温になるとＯリングの弾性が低下するという特性があった.打ち上げ当日にマイナス８℃の寒冷前線が来たため,打ち上げ現場の気温は２℃だった.このため寒さに弱いフィールドジョイント部のゴム製Ｏリングが硬直し,燃料が漏れて爆発事故を起こした.
　モートン・サイオコール社の担当はRoger Boisjoly（技術担当副社長はRobert Lund）だった.打ち上げは４人の経営幹部の会議で決められ,LundはBoisjolyの意見を聞いて「寒いと危ないから打ち上げを中止すべきだ」と経営幹部の会議で主張したが,主張を裏付けるデータがなかった.Lundは上級副社長から「技術者の帽子を脱いで,経営者の帽子をかぶれ」と言われ,最終的には打ち上げに同意した.結局,Boisjolyの意見は聞き届けられなかった.
　このチャレンジャー号事件における技術者Boisjolyを扱った「技術者倫理事例」では,上司に抵抗した技術者の英雄化が行われ,市民の安全確保には「非倫理的な経営方針に反対する」ことが必要だと説明される.しかし,このような説明には問題があるという指摘がある.そうではなく,「日常的な業務の中で事故の芽を摘んでおくこと」が重要だという主張である[18].
　Diane Vaughan [19]はチャレンジャー号を打ち上げるという意志決定がなぜされたのかということを研究し,チャレンジャー事故について世間で語られているような「NASAやサイオコール社が追い込まれていたから打ち上げを判断したのだ」という通説は後知恵だと指摘している.
　では,なぜ打ち上げが決定されたのか.固体燃料ロケットが開発された70年代後半から文書を丹念に当たると,技術的逸脱が繰り返されて,受け

入れ緩和リスクが大きくなっていったことが分かる．NASAやサイオコール社は実際の打ち上げ時の5倍の圧力をかけて実験し，それでもその実験ではOリングは機能を達成していた．これにより，NASAの中では「Oリングが硬直して隙間が大きくなっても，それは受け入れ可能なリスクである」ということが公式に認められた．こうして，技術的逸脱の標準化が繰り返されて，チャレンジャー号の打ち上げ前日には随分大きなリスクが認められてしまっていたから打ち上げたということである．

定義　技術的逸脱(Technical deviation)

製造物の働きが設計から外れていること．

定義　技術的逸脱の標準化

技術的逸脱がある場合にリスクを受け入れ可能な範囲にあると判断してそのまま使ってしまうこと．

3.3.4　公務員による公益通報

ここまで企業の公益通報について述べてきたが，公務員による公益通報についての質問と回答が消費者庁のサイトに掲載されているので紹介する[20]．

> 【Q】公務員が公益通報を行うことは、国家公務員法や地方公務員法に定める守秘義務に反しませんか。
> 【A】公益通報等の対象となる法令違反行為は、犯罪行為などの反社会性が明白な行為であり、秘密として保護するに値しないほか、公務員には刑事訴訟法(昭和23年法律第131号)第239条第2項により犯罪の告発義務が課されている趣旨にも鑑みれば、公益通報をしても守秘義務に反しないと考えられ、むしろ公務員として積極的に法令違反の是正に協力すべきものと考えられます。

2024年に兵庫県で知事とその側近が職員による公益通報を隠蔽しよう

とした事件が発生した．報道機関で連日報道される事態となって，兵庫県知事が辞任した．日本には公益通報制度はあるものの，その理解は企業だけでなく行政組織も含めて不十分な現状である．

　組織不正を防ぐためには，倫理教育が不可欠である．組織内で不正が発生しなければ，公益通報する必要もない．もし組織不正が発生した場合には，公益通報者の人権が守られ，よりよい企業や社会の発展につながることを期待したい．

　いずれにしろ，上述した事例から学べることは，必ず組織不正は顕在化すること，顕在化したら原因究明と再発防止策が必要になることである．とすれば，組織不正の発生を前提としたリスクマネジメント体制を整備することが求められる．

参考文献

[1]　杉本泰治，高城重厚：『大学講義 技術者の倫理入門 第五版』，丸善出版 (2022).

[2]　Roland Schinzinger, Mike Martin, 西原英晃訳：『工学倫理入門』，丸善 (2002).

[3]　潜道文子「経営倫理が目指すべきは世界標準化か，地域化・個別化か？」日本経営倫理学会，2022
　　 https://www.jabes1993.org/2022/02/post-35.html （2025年2月5日参照）

[4]　Albrecht, W. S. "Fraud in Government Entities: The Perpetrators and the Types of Fraud", *Government Finance Review*, Vol.7, No.6, pp.27-30 (1991).

[5]　日本貿易振興機構 (JETRO)「EU、グリーンウォッシング禁止法を採択、根拠ない「環境に優しい」など表示禁止」2024.2.21
　　 https://www.jetro.go.jp/biznews/2024/02/593dce144da5d103.html （2025年2月5日参照）

[6]　環境金融研究機構「JERAの「グリーンウォッシュ広告」に対するNGOらの申し立てに対し、日本広告審査機構（JARO）は7カ月間の無回答の後、「門前払い」の通知（RIEF）2024.6.8
　　 https://rief-jp.org/ct7/146023 （2025年2月5日参照）

[7]　日本広告審査機構 (JARO)「活動概要」
　　 https://www.jaro.or.jp/about/works.html （2025年2月5日参照）

[8]　吉田広子「JERA「アンモニア発電」広告、日本のNPOが国連に訴え」2024.8.20
　　 https://www.alterna.co.jp/132410/ （2025年2月5日参照）

[9]　斎藤了文，坂下浩司：『はじめての工学倫理 第3版』，昭和堂 (2022).

[10]　近畿化学協会工学倫理研究会：『技術者による実践的工学倫理 第4版—先人の知恵と戦いから学ぶ—』，化学同人 (2022).

[11]　安藤正博「内部告発と警笛鳴らし」

https://pe.techno-con.co.jp/technovision/series/back9_1404d.html（2025年2月5日参照）

[12] 窪田順生「なぜ「ビッグモーター」で不正が起きたのか　レオパレスや大東建託との共通点」ITmediaビジネス，2023.7.19
https://www.itmedia.co.jp/business/articles/2307/19/news065.html（2025年2月5日参照）

[13] 日沖健「ビッグモーター不正が示した「内部通報」の威力－企業の報復を防ぐため通報者の保護強化を－」東洋経済ONLINE，2023.8.16
https://toyokeizai.net/articles/-/694656（2025年2月5日参照）

[14] FRIDAY DIGITAL「ビッグモーター事件の「その後」…店長や工場長が明かす「創業一族から解き放たれた」現状と課題」2024.5.9
https://friday.kodansha.co.jp/article/371085（2025年2月5日参照）

[15] ダイハツ工業株式会社「第三者委員会による調査報告書公表のお知らせ」2023.12.20
https://www.daihatsu.com/jp/news/2023/20231220-1.html（2025年2月5日参照）

[16] 南山大学社会倫理研究所，2003年度第2回定例研究会 講師　杉原 桂太先生「技術者倫理で大切なのは何か―「経営者による amoral calculation」の夢から覚めて―」
http://rci.nanzan-u.ac.jp/ISE/ja/activities/colloquia/2003sugihara.pdf（2025年2月5日参照）

[17] しぶちょー技術研究所「設計失敗学~フォード・ピントはなぜ燃えたのか？~」
https://sibucho-laboratory.com/ford-pinto/（2025年2月5日参照）

[18] 岸田雅大「企業事件・事故の事例に学ぶ対応策―技術者・経営者の倫理を問う―」一般財団法人アーネスト育成財団
http://www.eufd.org/seminar/tms12.html（2025年2月5日参照）

[19] Diane Vaughan, The Challenger Launch Decision: Risky Technology, Culture, and Deviance at NASA, The University of Chicago Press, 1996.

[20] 消費者庁，行政機関向けQ&A,
https://www.caa.go.jp/policies/policy/consumer_partnerships/whisleblower_protection_system/faq/faq_011#q1（2025年2月5日参照）

第4章

情報リテラシー

4.1　情報リテラシーの必要性

　情報を利用するためには，情報を収集，分析して，理解する必要がある．次に，収集した情報を整理，保存する．また，保存した情報を再構成することにより，新たな情報を作成して提示することができる．さらに，情報の安全性を確認する能力と危険な情報を作成しない能力も必要である．情報リテラシーは，これらの活動を安全に正しく遂行できる能力のことである．

4.1.1　情報リテラシーとは

定義　情報リテラシー
　安全・適切に情報を利用するための能力．

　情報リテラシーを構成する能力を，図 4.1 に示す．図 4.1 では，情報を白地，能力を灰色で区別している．

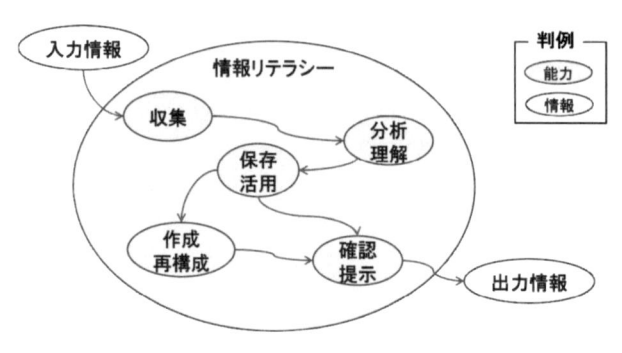

図4.1　情報リテラシー

4.1.2　情報リテラシーの欠如

　情報リテラシーに欠陥があると，危険な情報利用をしてしまい情報リスクが発生する可能性がある．例えば，情報理解能力に欠陥があれば，不適切な情報を鵜呑みにして他者に誤った情報を拡散するリスクがある．また，情報リテラシーの欠陥がもたらす現象として，他者の関心を集めるために

興味本位で不適切な情報を発信する悪ふざけ動画投稿などの行為がある．悪ふざけ投稿の結果，関係者に多大な迷惑をかけるだけでなく，自分自身が退学や退職する事態にまで発展する．また，莫大な賠償責任が発生すると，自分の人生や家族の生活が崩壊してしまう[1]．

●事件　いたずら動画のSNS投稿で逮捕[2]

名古屋市中区の回転寿司店で，醤油さしの注ぎ口を口に付ける様子をスマートフォンで撮影してSNS上に投稿し，店の業務を妨害したとして21歳の男ら3人が威力業務妨害の疑いで逮捕された．

いたずらを撮影するのは適切な情報を収集する能力の欠陥，いたずら投稿を作成するのは作成能力の欠陥，投稿してしまうのは確認能力の欠陥である．投稿する前によく考えるだけでなく，いたずらを行ったらどうなるかを分析（想像）し，そもそもいたずらをしないと判断する能力が必要である．

4.1.3　情報リテラシーの向上

総務省は，我が国の情報リテラシーを向上するために以下の7項目を挙げている[3]．

① 我が国に向けた、偽・誤情報に関する啓発教育教材の作成・公表
② 対象者へリーチするための教材情報の表示
③ 開発教材の自由な活用
④ 総務省の既存リテラシー向上施策等と連携させた全国での取組の展開
⑤ 開発したメディア情報リテラシー啓発教育教材の更なる発展
⑥ 民間事業者等によるリテラシー向上のための自主的取組の一層の促進
⑦ メディア情報リテラシー講座情報の一元化

また，情報リテラシーの類語にメディアリテラシーがある．以下の3つの能力からなる複合的な能力がメディアリテラシーである[4]．

定義　メディアリテラシー

・メディアを主体的に読み解く能力.

・メディアにアクセスし，活用する能力.

・メディアを通じコミュニケーションする能力. 特に，情報の読み手との相互作用を伴うコミュニケーション能力.

なお, メディアとは新聞社や放送局などの組織である.

このように，メディアリテラシーはメディアの理解・選択・評価・利用を対象とする能力であり，情報リテラシーは情報の収集・評価・作成・共有を対象とする能力である. これに対して，パリに本部があるUNESCOが公表した「メディア情報リテラシーMedia Information Literacy (MIL)」は，メディアリテラシーや情報リテラシーを含む21世紀に必要とされる読み書き能力を示す包括的な能力である. MILは，言語の多様性，平和，寛容，異文化対話，統治などを含む包括的な理念を掲げている [5].

4.1.4　放送法と情報リテラシー

放送法は「報道の自由」を保障している. 放送法の目的について，第1条は「放送の不偏不党，真実および自律を保障することによって，放送による表現の自由を確保すること」と明記している. また，放送法第4条は以下のとおりである [6].

> **第四条**　放送事業者は、国内放送及び内外放送（以下「国内放送等」という）の放送番組の編集に当たっては、次の各号の定めるところによらなければならない。
>
> 一　公安及び善良な風俗を害しないこと。
>
> 二　政治的に公平であること。
>
> 三　報道は事実をまげないですること。
>
> 四　意見が対立している問題については、できるだけ多くの角度から論点を明らかにすること。

第4条第2項にあるように，日本の放送法は政治的公平原則 (Fairness

doctrine) に基づいている.

●事例　放送法第4条の解釈

　総務省文書には，2014〜15年に安倍政権の首相補佐官（当時）が放送法第4条における「政治的公平」の解釈などの説明を総務省に問い合わせてから，総務相（当時）が従来の政府見解を事実上見直すような発言をするまでの経緯がまとめられていた．首相補佐官はSNSで「従来の政府解釈では分かりにくいので，補充的説明をしてはどうかと意見した」ことを認めた．しかし，総務相は自らに関する4枚の文書は「捏造」と主張した.

　2023年3月2日，小西洋之議員が放送法第4条第2項に定める「政治的公平」の解釈について，当時の首相補佐官と総務省との間のやり取りに関する総務省文書を公開した．総務省が公開された文書について総務省に保存されている文書と同一かといった点を慎重に精査した結果，小西議員が公開した文書はすべて総務省の「行政文書」であることが確認できたことを発表した [7].

　つまり，放送法第4条の「政治的公平性」の解釈を変更するように総務相が発言した事実を総務相が「捏造」だとしたにも関わらず，実際は総務省の行政文書であったことが後で確認されたということである.

　この事例から，メディアの一つである放送局が政治的公平性という放送内容を制作する上での法律上の原則が解釈で変化する可能性があること（情報リテラシー），その背景に監督官庁である総務省に放送局が忖度したのではないかと疑われること（職業倫理），政治家が自身の発言を記載した行政文書が事実であるにもかかわらず捏造だと虚偽の発言をしたこと（政治家の職業倫理）など，多くの倫理的な課題を知ることができる.

　なお，米国は政治的公平原則を撤廃したことで，放送局の偏った主張の展開が可能になった．このため，フェイクニュースが増加して社会の分断を助長するなどの問題が発生している．一方で日本でも，SNSでの他人への身勝手な誹謗中傷を「表現の自由」だとして開き直る投稿者がいることが社会問題化している.

4.2　情報技術の社会への浸透と情報活用知識

　情報技術が社会へ浸透することにより，情報を活用する知識がより強く人間側に求められるようになる．情報技術が社会へ浸透するには，社会に受け入れられる情報システムとして情報技術を実現する必要がある．社会が求める情報システムを実現するためには，社会と情報技術を一体化した社会技術システムとして扱う新たな知識が必要である．

　以下ではまず，情報技術と社会について変遷の過程でどのような相互作用が求められるかを説明する．次いで，情報技術が引き起こすシステム障害や，新たな情報メディアであるSNS上の誹謗中傷や弊害などの社会問題があることを指摘する．

4.2.1　情報技術と社会の変遷

　情報技術は，時代ごとに電算化(1960-1985)，ダウンサイジング(1986-1992)，インターネット(1993-2005)，モバイル・クラウド(2006-2016)，DX（2017-現在）と形を変えながら急速に社会に浸透してきた[8]．デジタル変革(Digital Transformation, DX)は，デジタル技術を用いて企業がデジタル企業に変貌することである．DXはアナログ情報のデジタル化や業務プロセスのデジタル化だけでなく，新たなビジネスモデルの創造も含む包括的な概念である．ただし，DXでは技術のことだけを変えようとするため，多くの企業では失敗してしまう．そのため，技術だけではなく人間の業務を含む「社会技術的システムSocio Technological System (STS)」を正しく理解する必要がある．STSは技術環境を用いて人々が業務プロセスを遂行するシステム[9]のことである．

　また，物理環境における実体の監視と制御にコンピュータや通信ネットワークが緊密に連携するシステムがCyber-Physical Systems (CPS)である．CPSは企業活動をデジタル化する上で不可欠な手段であり，日本政府が進めるSociety 5.0ではCPSを前提としている．DXで企業がデジタル企業を実現しても，個社に閉じたデジタル化にとどまってサプライチェーンを連携できなければ，真のデジタル社会を実現できない．

　これらの情報技術をどのように活用するかを扱う知識が情報活用知識である．例えば，デジタル技術を知っているだけで具体的な問題を解決できなければ意味がない．社会課題に情報技術を活用して解決するための知識が必要である．

　Floridiによると，万物すなわちあらゆるエンティティは情報的存在であり，それらで形成されているのが情報圏 (Infosphere) である [10]．情報圏に存在するすべてのものは情報的存在物である．情報技術が社会に浸透することによって，社会が情報圏となってきた．上述したSociety 5.0は情報圏の例である．このような情報圏では世界規模で社会の地図をデジタル社会としてデザインし直す必要がある．また，McLuhan [11] によれば，オートメーションは生き方の学習であるから，社会・企業・供給網・情報システムからなる産業複合体全体としての有機システムにどのような構造的変化が訪れるか十分な事前理解が必要である．すなわち，デジタル技術が企業にもたらす変化としてのDXだけでなく，社会全体の変化としてのあるべき姿を見通す必要がある．

4.2.2　ITが引き起こす問題

　ITシステムが引き起こす社会的なシステム障害の原因は，ITシステムを使う人々の業務プロセスや，開発者と発注者や利用者との知識の格差，セキュリティや情報倫理などの幅広い社会的・組織的な問題に注意を払っていないことにある．過去に発生したマイナンバーカード関連システムの個人情報漏洩事案に見るように，情報技術が社会に浸透すればするほど，このような問題が頻発することになる．

　また，システムが停止するような大きな障害ではなくても，システムの操作性の悪さが社会問題になることがある．例えば，駅員の業務を効率化する目的で導入された駅の券売機が使いにくいことからみどりの窓口を閉鎖したことによって，残ったみどりの窓口に券売機を使えない人が殺到してかえって駅員の業務が多忙になる事態となった．

　また，スマートフォンの登場によって誰でも使えるコミュニケーション手段としてSocial Networking Service (SNS) が社会的に普及した．しか

し，SNSによる誹謗中傷や誤情報が拡散するなどの社会問題も発生している．SNSなどのメディアの情報倫理については第5章で詳しく説明する．

4.3　主体的な情報リテラシーの姿勢

　本節では，まず情報社会で流通する情報には，必ずしも正しくない情報があることを指摘する．このため，正しい情報を識別して情報モラルに基づく正しい行動が情報社会では必要になる．また，情報社会で正しく行動するための倫理課題を，人間行動，技術，人間行動と技術の問題に分類することにより多様な倫理課題があることを説明する．

　さらに，技術面の倫理課題としてコンピュータの技術的特性に応じた倫理面での考慮点について説明する．

4.3.1　正しくない情報

　インターネットで流通する情報がすべて正しいとは限らない．正しくない情報の種類には，① 偽情報(Disinformation), ② 誤情報(Misinformation), ③ 悪意ある情報(Malicious information) がある．

① 偽情報

　個人，社会集団，組織または国に危害を与えるため，虚偽かつ故意に作成された文脈やコンテンツのこと．

＜例　SNS型投資詐欺＞

　SNS型投資詐欺では，SNS上に表示された広告にアクセスすると著名人を名乗る人物からアカウントの追加を促す画面が現れる．そのアカウントから嘘の投資話を持ちかけられて，やり取りするうちに現金をだまし取られるという詐欺である．SNS型投資詐欺については，第5章で詳しく説明する．

●事例　ターゲット型偽情報 [12]

　米国大統領選の激戦州の一つである米ジョージア州務長官室が，2024年11月5日の米大統領・議会選に関する「ターゲットを絞った偽情報」としてハイチ系移民がジョージアで複数の身分証明書を持ち，複数回投票を行ったと主張しているインターネット上の動画を発見した．

② 誤情報

　虚偽の情報ではあるが，危害を引き起こす意図で作成されたのではない情報，すなわち誤報やコミュニケーションエラー（コミュニケーション不足による認識のズレなど）のこと．

　真偽が不明な情報の例として，誤った医療・健康情報がある．また，歴史認識についての根拠のない誤情報も多い．

③ 悪意ある情報

　事実に基づく情報を個人，組織，または国に危害を加えるために使用する情報，すなわちリーク（漏洩），ハラスメント，ヘイトスピーチである．

●事例　インターネット上での悪意のある発言 [13]

　ある人物がネットである大学の悪口を投稿したところ，その大学の学長が自ら反論した騒動があった．このやり取りがネットで注目されたことから，投稿者が地方大学の教授であることが特定され，投稿者がアカウントを削除したことで騒ぎがさらに拡大した．

●事件　米国軍事機密文書漏洩 [14]

　米政府の機密文書が，米軍基地に勤務する州兵によってインターネット上に流出した機密情報の漏洩事件である．州兵はゲーマー向けのトークアプリ「Discord」で招待制のグループを管理し，週に数件の機密情報をグループ内で共有していた．当初は機密文書の内容を書き写した文章を共有していたが，次第に文書を撮影した画像を共有するようになった．Discordグループの1人がDiscordの別のグループに機密文書の画像を転載し始め，さらに別のグループに画像が投稿された．その後，他のSNSなどにも画像

が流出してインターネット上で拡散した.

　この州兵は2021年以降「最高機密」を取り扱う権限を与えられる際に,「知り得た内容は終生開示しないと約束する合意書」に署名していた.

　①〜③の情報への態度として,「収集した情報がすべて正しいとは限らない」という主体的な姿勢が重要である. 例えば, メディアリテラシーはメディアを主体的に読み解く能力, メディアにアクセスし活用する能力, メディアを通じコミュニケーションする能力からなる複合的な能力のことである. メディアリテラシーを高めることで, メディアには内容の制作者の意図が隠れていることを理解していれば, メディアが提供する情報への態度も「メディアが報じる情報がすべて正しいとは限らない」という姿勢を選択できる.

4.3.2　情報モラル

定義　情報モラル [15]

　情報社会で適正な活動を行うための基になる考え方と態度.

　情報モラルが要求する能力には, ① 他者への影響を考え, 人権, 知的財産権など自他の権利を尊重し情報社会での行動に責任をもつこと, ② 危険回避など情報を正しく安全に利用できること, ③ コンピュータなどの情報機器の使用による健康との関わり (視力低下, SNS依存, 睡眠障害, ゲーム障害など) を理解することがある.

　情報社会で適正に活動する上で情報モラルが必要になる. しかし, 情報モラルが何であるかを教育しなければ, 人々が情報モラルを身につけることは難しい. したがって, 図4.2に示すような情報モラル教育が必要である. 情報モラル教育を確立することにより, 情報社会で適正に活動する上での考え方や態度を修得できる.

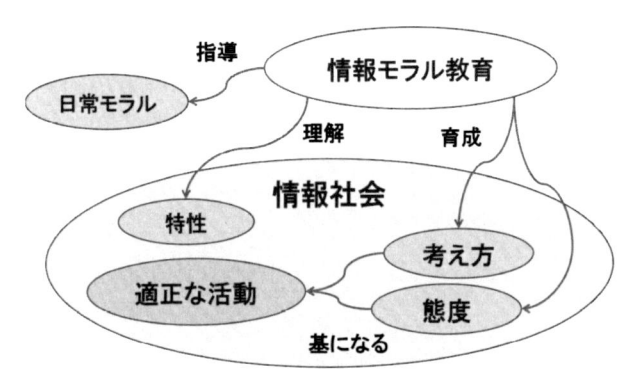

図4.2 情報モラル教育

　情報社会では，情報化の進展が生活に及ぼす影響を一人ひとりが理解し，情報に関する問題に適切に対処し，積極的に情報社会に参加しようとする創造的な態度が大切になる．しかし誰もが情報の送り手と受け手の両方の役割をもつようになるこれからの情報社会では，情報がネットワークを介して瞬時に世界中に伝達され，予想しない影響を与えてしまうことや，対面コミュニケーションでは考えられないような誤解が発生する．このような情報社会の特性を理解し，情報化の影の部分に対応し，適正な活動ができるような考え方が必要である．

　高橋ら [16] によれば，情報モラルの段階は，① 罰と権威への服従，② 快楽称賛志向，③ 対人同調，④ 法と社会秩序の維持志向，⑤ 社会契約志向，⑥ 普遍的倫理原理志向へと発展する．① 罰と権威への服従段階では，規則に違反しないことによって罰を避けるように行動する．② 快楽称賛志向段階では，自分のための報酬を求めて行動する．③ 対人同調段階では，関係者との慣行的役割に従って「正しい」行動を遂行する．④ 法と社会秩序の維持志向段階では，自己の社会的役割を定めるルール（法，秩序，社会規範）に従って「正しい」行動を遂行する．⑤ 社会契約志向段階では，手続きや協定によって確立した合意に従って「正しい」行動を遂行する．⑥ 普遍的倫理原理志向段階では，正義・正誤についての抽象的原則に従って行動する．

　この情報モラルの6段階に従って，情報社会の成熟度を評価する基準と

しての指標が必要である．そうでないと，組織や業界の情報モラル成熟度を客観的に判断できない．また相手となる組織の情報モラル成熟度を知ることができれば，成熟段階に応じた態度をとることができる．行動の成熟度を判定する簡易な指標の構成例を示すと表4.1のとおりである．

表4.1　情報モラル成熟度指標の例

成熟度指標	定義
1	規則に違反する行動がない
2	自己への報酬行動である
3	役割を遂行する行動である
4	法，秩序，社会規範に基づく行動である
5	合意した社会契約に従う行動である
6	正義についての抽象原則に基づく行動である

4.3.3　情報倫理の課題

本項では情報倫理の課題を説明するが，その前に情報倫理の定義を再掲しておく．

定義　情報倫理 [17]

情報化社会において，我々が社会生活を営む上で他人の権利との衝突を避けるべく，各個人が最低限守るべきルール．

鞆[18]はインターネットを利用する上でのモラル，ルール，マナー，安全利用，スキルの違いを説明している．そこではインターネット上での道徳心がモラルであり，インターネット利用の際に守るべき規則や法律がルール，メールや書き込みの際の礼儀作法がマナー，被害を受けないための知識や対策が安全利用，インターネット利用に必要な技術全般がスキルである，とされている．鞆によれば，情報倫理の定義で示された「最低限守るべきルール」の具体的な内容として，モラル，ルール，マナーが相当することが分かる．すなわち，インターネット上での道徳心（モラル），インターネット利用の際に守るべき規則や法律（ルール），メールや書き込みの際の

礼儀作法（マナー）が「最低限守るべきルール」である.

また, 竹井[19]が情報倫理の課題として, 以下の20項目を列挙している.

1. 自動運転(Autonomous cars)
2. リベンジポルノ (Revenge pornography)
3. ネット依存(Internet addiction ,Online addiction)
4. プライバシー(Privacy)
5. 著作権(Intellectual Property right)
6. ネットいじめ(Online bullying)
7. 情報格差(Digital divide)
8. 忘れられる権利(The right to be forgotten)
9. 匿名(Anonymity)
10. モラル AI (Moral Artificial Intelligence)
11. 持続可能性(Sustainability)
12. ダイバーシティ (Diversity)
13. 責任(Responsibility)
14. 政府の監視(Government Surveillance)
15. 意思決定支援システム (DSS: Decision-Support Systems)
16. ビッグデータ, AI (Big Data, AI)
17. ハラスメント (Harassment)
18. フェイクニュース(Fake news)
19. サイバーセキュリティ (Cyber security)
20. 行動規範, 規範(Code of conduct, Normative)

この課題を技術と人間の観点で見ると, 以下のように① 技術の問題, ② 人間行動（人間が技術をどう扱うか）の問題, ③ 両方が関係する問題に分類できる.

① 技術の問題：1, 8, 9, 10, 15, 16 ,19

② 人間行動の問題：2, 3, 14, 17, 18, 20

③ 両方の問題：4, 5, 6, 7, 11, 12, 13

① 技術的問題への対応では, 技術開発の設計段階から倫理リスクを識別して対策を用意する必要がある. ② 人間行動問題への対応では, あらかじ

め不適切な行動を識別して，組織の行動規範を整備するとともに，不適切行動の検知と対応措置を整備する必要がある．③ 両方の問題についてはこれらの対策を統合する必要がある．

4.3.4　コンピュータ倫理

コンピュータ倫理の父Donn Parkerによるコンピュータ倫理の定義は以下のとおり．

定義　コンピュータ倫理 [20]

古典的な倫理原則をコンピュータ技術の使用に適用すること．

コンピュータシステムの設計，開発，および展開における倫理的および社会的影響を考慮することがコンピュータ倫理の目的である．Martin [20] は倫理的設計の条件として以下の事項を挙げている．

- 設計プロセスにエンドユーザーを含めること
- 厳密なシステムテストを倫理的かつ実用的な懸念事項と見なすこと
- 新しいコンピュータシステムの実装が人間の生活と生活の質に及ぼす影響を考慮すること

これらを達成する一つの方法は，コンピュータの専門家が倫理規定を開発し，それを順守することである．

また，Martinはコンピュータ倫理の課題として① 情報保管庫，② 新しい種類の資産，③ 行為結果の責任，④ 擬人化を挙げている．① 情報保管庫の倫理的課題は，コンピュータに保存されているサービス・情報が不正使用されることや，適切性，公平性，プライバシーの侵害，および情報の自由に関する問題が発生することである．② 新しい種類の資産に対する倫理的課題は，アルゴリズムやプログラムの扱いである．例えば，アルゴリズムやプログラムが生命・財産に危害を加えないように安全であることや人権を侵害していないことを保証する必要がある．③ 行為結果の責任の倫理的課題は，ユーザーや提供者がコンピュータやデータ，プログラムの実行結果の完全性と適切性に対する責任範囲を明らかにすることである．④ 擬

人化の倫理的課題は，間違いを犯さない思考機械であるべきだとして，コンピュータを非難することである．

　加えて，Martinはコンピュータの特性として以下の4点を指摘した．

　・本や現金のような有形のものからビットや借方のような無形のものに，情報に対する人間の認識を変化させた

　・時間や場所をほとんど考慮せずに，異種メディア間の前例のない相互接続ができる

　・コンピュータは，単一の送信を信じられないほどの速度で無数の宛先に送信できる

　・一度送信した情報を取り消すことはできない

　この4特性に，コンピュータが人間社会にもたらす倫理的な課題が対応している．これまでの法律は物理的な有形物に対する整備であり，無形物に対する法整備が遅れている．したがって法律の空白部分をコンピュータ倫理で補完する必要がある．時間や場所を意識しない相互接続では，リアルタイムで場所を前提としない活動によって生じる課題として，情報漏洩やプライバシー侵害などがある．また，無数の相手に送信できる特性から，偽情報や誹謗中傷などの情報拡散という倫理的課題がある．最後に，情報の削除ができないという特性から，インターネット上に一度拡散した不都合な情報を取り消せない「デジタルタトゥー」という倫理的課題がある．

参考文献

[1] 山住富也：『ソーシャルネットワーク時代の情報モラルとセキュリティ』，p.36，近代科学社 Digital (2021).

[2] 中日スポーツ「迷惑動画投稿の疑いで3人逮捕、しょうゆ差しなめたか　名古屋のくら寿司」2023.3.8
https://www.chunichi.co.jp/article/649735（2025年2月5日参照）

[3] 総務省「メディア情報リテラシー向上施策の現状と課題等に関する調査報告」
https://www.soumu.go.jp/main_content/000820476.pdf（2025年2月5日参照）

[4] 総務省「放送分野におけるメディアリテラシー」
http://www.soumu.go.jp/main_sosiki/joho_tsusin/top/hoso/kyouzai.html (2025年2月5日参照)

[5] 篠原文陽児：ユネスコによる「メディア・情報リテラシー教育」の取組み，『視聴覚教育』，pp.32-33，4月号(2019).

[6] e-Gov「放送法」

https://laws.e-gov.go.jp/law/325AC0000000132/（2025年2月5日参照）

[7]　総務省「政治的公平に関する文書の公開について」2023.3.7
https://www.soumu.go.jp/menu_kyotsuu/important/kinkyu02_000503.html
（2025年2月5日参照）

[8]　山本修一郎：『DXの基礎知識』，近代科学社Digital (2020).

[9]　Rebovich, G., and Brian, W., Enterprise Systems Engineering – Advances in Theory and Practice, CRC Press (2011).

[10]　ルチアーノ・フロリディ著，春樹良且・犬束敦史監訳，先端社会科学技術研究所訳：『第四の革命』，pp.48-49，新曜社 (2017).

[11]　M. マクルーハン，栗原裕・河本仲聖訳：『メディア論－人間の拡張の諸相』，みすず書房 (1987).

[12]　Kanishka Singh「米選挙関連偽情報はロシア組織が関与の公算、ジョージア州が見解」ニューズウィーク日本版，2024.11.1
https://www.newsweekjapan.jp/headlines/world/2024/11/522367.php（2025年2月5日参照）

[13]　石橋貴純「情報社会における技術倫理に関する研究」
https://core.ac.uk/download/pdf/70372545.pdf（2025年2月5日参照）

[14]　読売新聞オンライン「米機密文書の流出、米軍基地勤務の20代男性が関与か…グループ内で共有した画像拡散」2023.4.13
https://www.yomiuri.co.jp/world/20230413-OYT1T50202（2025年2月5日参照）

[15]　文部科学省「「教育の情報化に関する手引き」検討案　第5章 情報モラル教育」
https://www.mext.go.jp/b_menu/shingi/chousa/shotou/056/shiryo/attach/1249674.htm（2025年2月5日参照）

[16]　高橋慈子，原田隆史，佐藤翔，岡部晋典：『情報倫理 ネット時代のソーシャル・リテラシー』，技術評論社 (2022).

[17]　私立大学情報教育協会「情報倫理概論」
https://www.juce.jp/LINK/report/rinri/mokuji.htm（2025年2月5日参照）

[18]　鞆大輔『学生時代に学びたい情報倫理』，共立出版 (2011).

[19]　竹井 潔：情報倫理の可能性－持続可能な情報社会に向けて－，『聖学院大学論叢』，vol.32, No.2, pp.73-92 (2020).

[20]　C. Dianne Martin, What is Computer Ethics? , SIGCSE Bulletin inroads Vol. 29, No. 4, pp.8-9, 1997.

第5章
メディアの情報倫理

5.1　メディア情報倫理の必要性

　情報共有のための媒体がメディアである.新聞や雑誌，テレビ放送などがメディアの例である.

　メディアリテラシー全米指導者会議では，「多様な形態のコミュニケーションにアクセスし，分析し，評価し，発信する能力」をメディアリテラシーと定義している．コンピュータの操作を習得するコンピュータリテラシーと違って，メディアリテラシーでは情報の制作プロセスではなく情報の中身に注目して，メディアと主体的に関わっていくことが重要である．

　マスターマン理論によれば，メディアが映し出す世界は現実を鏡のように反射したものではなく，誰かが何かの目的で現実を記号化して再構成して作ったものである [1]．誰がどんな目的で，どんな情報源を基に内容を作っているかに注目して読み込むことで，メディアに隠された価値観が分かる．自分で主体的にメディアを分析する能力が必要である．

5.2　CMCの情報倫理

　本節ではComputer Mediated Communication (CMC) を活用した人間によるコミュニケーションモデルについて説明する．コミュニケーションモデルは，対象者（2者間，多者間），コミュニケーションの方向（単一，双方向），プロセス（線形，反復）などから特徴づけられる．

　CMCはコンピュータを媒介とするコミュニケーションのことであり，電子メールや電子掲示板，テレビ電話，会員制のコミュニティサービスのSNSなどはCMCの例である．次に，CMCはコンピュータやコミュニケーションメディア，情報流通に関係することから，コンピュータ倫理，コミュニケーション倫理，情報倫理，CMC倫理とその関係についても説明する．さらに，CMCにおける情報倫理の課題として，① 情報活用の際に真正性の評価が必要となる信頼性評価，② 個人が見たい情報だけを選択する情報遮断，③ 同調圧力が増幅・強化される集団極性化，④ ネット依存による実

社会への参画障害について説明する.

5.2.1 CMCとは

先に説明したとおりCMCはコンピュータを媒介とするコミュニケーションのことであり,その特性は以下のとおりである.

- ・複製・加工が容易
- ・書籍のような部数の概念がない
- ・永続的に情報を保存
- ・保存情報を検索可能
- ・人間が情報を登録・利用
- ・誰でも情報の創作・閲覧が可能
- ・デジタルデバイドが発生

5.2.2 CMCを活用したコミュニケーションモデル

CMCのコミュニケーションモデルでは,複数の参加者間による双方向の循環的プロセスで発信者と受信者との相互理解だけでなく,分断や敵対を含む情報流通行為が対象となる.相互理解を目的とする従来のコミュニケーションとは異なり,CMCは開放的だが投稿者自身のアカウント削除による退場が発生するので,必ずしも持続性を保証できない.また,CMC情報倫理で行動指針を定義しても,参加者が順守しなければ意味がない.参加者がCMCの行動指針を守らない場合,企業や学校などの組織と独立して運営されるCMCに対する統制を投稿者の所属組織が扱うという難しさがある.さらにこの場合,CMCの行動指針と組織の行動指針の整合性が求められる.加えて,CMC情報倫理はコンピュータを利用したコミュニケーションという点でコンピュータ倫理と関係し,情報をコミュニケーション対象とする点で情報倫理と関係する.

構成員が意思決定に参加できる可能性をもつCMCは「平等な参加」原理によって組織の「民主化」をもたらすことから,構成員がより多くの情報を獲得すれば,組織における民主主義の実現可能性がより高くなると考えられる.この「CMCの導入で組織が民主化する」という考え方は技術決

定論に基づいており，CMCが組織の状況に無関係に機能することを前提
としている．しかし，「情報量の増大が知識量の増大をもたらし，意思決定
の自由が増大する」という考え方は適切ではない．組織の構造や体制など
の社会的コンテキストが技術の使い方に影響するはずである．技術自体は
意思決定の自由度としての民主主義に影響しない [2]．したがって，CMC
を導入したとしても組織コミュニケーションが必ずしも民主化するとは言
えない．

　CMC情報倫理における行動指針の作成 [3] では，まずCMCの登場に
よって生まれる「指針の空白」（1.1節参照）を識別する必要がある．次い
で，CMCに関する行為の性質を分析するとともに，CMC行為の影響を明
確化する．さらに，良くない影響（紛争）の発生を抑止・解消するための
行動指針を抽出し，行動指針をルール化する．最後に，関係者を集めて，
ルールについて合意を形成する．

5.2.3　CMC情報倫理の課題

・情報漏洩

　匿名性を前提とするCMCも情報システムであるから，情報漏洩の危険
がある．次の事件は，個人情報の流出によって匿名性が失われた例である．

●事件　「2ちゃんねるビューア」個人情報流出 [4]

　当時国内最大規模のインターネット掲示板「2ちゃんねるビューア」で，
クレジットカード決済とコンビニ決済で申し込んだユーザー約3万7000件
の個人情報が流出した．流出した個人情報は，メールアドレス，クレジッ
トカード情報，氏名，住所，電話番号，掲示板への投稿履歴を関連付ける
情報や，2ちゃんねる内での同一人物の証明用情報である．

　この個人情報の流出によって，以下の事態が発生した．

　・誹謗中傷を繰り返す“荒らし”行為を著名な人物が行っていたことが
　発覚

　・流出した個人情報を基に本人特定やさらし上げなどの行為

　・会社から任意退職を勧められた

・家にいたずらをされた
・匿名で誹謗中傷を含め勝手に批判していた人物が個人特定され非難対象になった
なお，誹謗は他人の悪口を言うこと，中傷はありもしないことを言って他人の名誉を傷つけることである．

この事件の教訓は，まず，CMCサービスには個人情報が漏洩するリスクがある，ということである．次に，CMCで不適切な行為をしていると，個人情報が漏洩した場合，たとえ匿名であっても個人が特定される危険があるということである．さらに，特定された情報に基づく誹謗中傷が拡大して実生活への悪影響が避けられないこともある．もし，CMC情報倫理に即したコミュニケーション行動をとっていれば，第2，第3の被害を抑止できたはずである．匿名をいいことに他者を誹謗中傷するような行為は慎むべきである．

このように，CMCにおいてはCMCが提供する機能的限界が情報倫理に与える影響を考える必要がある．CMCの機能では，参加者間で交換される情報の信頼性を評価していない，参加者間の相互作用のあり方を制御できない，相互作用対象の選択を制御していないという限界がある．

CMCの限界がもたらす倫理的課題には，① 情報の信頼性評価，② 情報の遮断，③ 集団極性化，④ 参画障害がある．① 情報の信頼性評価については，情報の真正性を評価し虚偽情報の棄却が必要である [5]．② 情報の遮断については，関心情報だけに情報が偏向するから意図しない情報への接近が困難になる．③ 集団極性化については，関心事を共有するグループが細分化・同質化して，見たくない情報を積極的に見る人が少なくなる．④ 参画障害については，接続が制限されることと，1日は24時間なので，その時間を何に使うかという時間資源の配分が問題にある．

・ネチケット
ネットワーク上での適切な振る舞いを表す言葉としてネチケット (Network + Etiquette) がある．CMCを利用する情報交換でも，ネチケットに応じた守るべき礼儀作法が必要である．これに対して，ネットワークサービス

利用時に順守すべき約束事が利用規約であり，ネットワークを利用する上での善悪の判断基準が情報倫理である．

定義　チェーンメール

　受信したメールを，複数の知人に転送することを依頼するメール．依頼理由は，メールを送信しないと不幸になる，メール転送が社会貢献になるなどである．

　IETFに提出されたNetiquette Guidelines [6] では，インターネット上のチェーンメールを禁止している．もしチェーンメールを送信した場合はネットワーク利用権が削除される．また，チェーンメールを受信した際にはシステム管理者に通知する必要がある．CMCでは参加者間で交換される情報内容についての制限がないことから，チェーンメールに相当する情報を交換すべきではない．

5.3　SNSの情報倫理

　本節では，SNS上のコミュニケーション行動について，まずSNSのサービス例を紹介する．次いで，SNSの不注意な利用が社会問題に発展した事例を説明する．このような問題の発生を抑止するためには，SNS情報倫理を定義するとともにSNSがもたらす課題を明らかにする必要がある．さらに，SNS利用における注意点をまとめる．

5.3.1　SNSとは

　Social Networking Service (SNS) は会員制のコミュニティサービスである．SNSでは，友人・知人に自分のプロフィル情報や写真を公開して，日々の出来事や関心事を書き込んで交流することができる．SNSで新たなつながりを作る「友人申請」することにより，友人・知人関係を深化することがSNSを利用する目的の一つである．

＜例　X（旧Twitter）＞

140字以内の発言や画像を共有するサービスとして発展した．自分専用ページに発言を時系列で表示できる．また，発言追跡機能で他者の発言を専用ページ（タイムライン）に表示することができ，一体感を醸成できる．特に，事件・事故・災害状況をリアルタイムに発信・共有できることから社会的に普及している．また，企業・組織の広報としての活用も拡大している．利用の際には以下の点に注意する必要がある．

・X（旧Twitter）は公の場所であること
・不用意な発信は個人情報・不正行為・犯罪行為の暴露につながること
・虚偽情報やフェイクニュースを拡散しないこと（情報の真偽確認が必要）

＜例　LINE＞

チャットや無料通話によるリアルタイムコミュニケーションができる．絵文字をスタンプで使えるので分かりやすい．また，グループ登録ができるので集団での情報共有が容易である．

他にも，SNSが提供するブログはWebページ制作の専門知識がなくても誰でも簡単に利用でき，ブラウザだけで内容の追加や削除ができる．ブログにはコメントや閲覧機能があり，リンクに書き込んだことを相手に通知したり，他のブログの参照関係を記録したりすることができる．

5.3.2　SNS由来の社会問題

このように誰でも簡単に情報発信できるため，SNSではバカッター，デマッター，バイトテロ，客テロなどの社会問題が発生している[7]．

・バカッター：自分の反社会的行動をX（旧Twitter）に投稿することにより承認欲求を満たそうとする人物．「馬鹿」と「Twitter」をつなげた造語
・デマッター：虚偽情報をXに投稿することにより承認欲求を満たそうとする人物
・バイトテロ：アルバイト先の職場での問題行動を投稿する行為

・客テロ：店舗での問題行動を投稿する行為

●事件　バイトテロ [8]

　2013年8月，大手宅配ピザチェーンの都内某店勤務のアルバイトの女性が流し台の中に入る，冷蔵庫内に体ごと入るなど職場での不衛生・不適切な行動を撮影した画像をTwitterへ投稿し炎上した.

　これを受けてフランチャイザー本部が謝罪と経緯をサイト上に掲載し，その後2015年10月頃に事業を停止，2016年7月27日に東京地裁から破産開始決定を受ける（負債総額は約2億4000万円）という事態となった.

　このような不適切投稿は犯罪事件や情報流出につながり，賠償対象が拡大している．不適切投稿由来の犯罪事件には威力業務妨害，偽計業務妨害，器物破損，侮辱・脅迫などがあり，多くの犯人が逮捕されている．その理由は不特定多数への拡散により事件が発覚し，犯人の特定が容易であるからである．また，不適切投稿により被害現場の状況が顧客・取引先にまで拡散することで損害賠償対象が拡大することになる．例えば，店舗の消毒・清掃・商品の廃棄などの損害と休業に伴う逸失利益の発生，フランチャイズ本部への苦情殺到や契約解除，廃業などがある.

　このような事件を起こさない・巻き込まれないために，SNSを利用する上では他人の権利との衝突を避けること，個人が不利益を受けないこと，犯罪に加担しないことなどが求められる．そのためにSNS利用者に求められるのがSNSの情報倫理である.

5.3.3　SNSの情報倫理と課題

・SNSの情報倫理

定義　SNSの情報倫理

　情報社会においてSNSを利用する上で，他人の権利との衝突を避けるべく，各個人が最低限守るべきルール.

　SNS情報倫理には，倫理的視点，技術的視点，法律的視点がある．倫理的視点では善悪の基準が必要であり，技術的視点には情報漏洩やセキュリティの基準が必要である．法律的視点には，個人情報保護違反，知的所有権・著作権侵害，サイバー犯罪に抵触しないような行動をとる判断能力が必要である．

　しかしSNS上のトラブルが後を絶たないことも事実であるから，SNSのコミュニケーションリスクについて，情報の残存性，不適切投稿，私的制裁などのトラブル事例を説明する．

●事件　セクシー田中さん [9]

　「セクシー田中さん」は小学館が発行している隔月刊誌で連載されていた漫画（作：芦原妃名子）であり，2023年に日本テレビでテレビドラマ化された．原作者と脚本家の間での意見の対立が契機となってSNSで炎上事件に発展したものである．

　原作者は「原作に忠実であること」をテレビドラマ化の条件にしていたが，これに対して脚本家は「脚本は原作と異なる著作物である」という認識であった．原作者はテレビドラマが原作に忠実ではないと感じたことから，脚本を原作者が書くことを強くテレビ局に申し入れて実現させた．これに不満をもった脚本家が，Instagramに「最後は脚本も書きたいという原作者たっての要望があり，過去に経験したことがない事態で困惑しましたが，残念ながら急きょ協力という形で携わることになりました」と投稿した．

　テレビ局は第9話，第10話を芦原氏の脚本で映像化することについて脚本家から理解を得ており，また「脚本協力と誤解されるため表示しない」ことも説明していた．しかし，脚本家の投稿の結果，テレビ局は二次利用を含め作品展開に関して状況を動かすことが難しくなった．

　その後，脚本家は「苦い経験」等と投稿を行った。一方で原作者である芦原氏は「漫画を休載したい」ということに加えて脚本家の投稿に対する反論文を出したいという旨のメールを小学館の社員に送信した．後日芦原氏と小学館社員の間で面談の機会が設けられ，芦原氏は脚本家の投稿により原稿が書けないほどのストレスがあると語った．

　面談の後，芦原氏はブログ（現在は閉鎖）に「ドラマ『セクシー田中さん』について」というタイトルで第9話，第10話の脚本を書かざるを得ないと判断するに至った経緯や事情を説明した．これは事実関係と文章の内容を小学館と確認した上での投稿であった．この投稿がSNSで大きな反響を呼び，芦原氏の苦労に同情が集まる反面，脚本家への非難が集中し炎上した．

　芦原氏は予期していなかった個人攻撃となったことを詫びるコメントを出し，SNSの投稿を取り下げることになったと小学館に連絡したが，小学館の管理者は投稿の削除はかえって炎上が進むこともあり得るとして，芦原氏を制止するように担当者に伝えるとともに，すでに全社事案になっているとして担当者だけで判断しないように強く指示した．その後芦原氏は謝罪コメントを出してXの投稿を削除した後ブログを閉鎖，以後連絡が取れなくなった．

　翌日，芦原氏が亡くなったことが判明し直ちに報道された．これを受けて脚本家は芦原氏がブログで書いたことは初めて聞くことばかりであった，SNSをもっと慎重にすべきだったとのコメントを発表してInstagramのアカウントを閉鎖した．発端となったSNSの投稿から約1か月の出来事であった．

　この事件の主な登場人物は原作者，雑誌の編集者，番組の制作者と脚本家である．これらの登場人物とSNSを主体として，相互の関係を分析した結果が表5.1である．この表の対角要素には主体の意図を記述し，非対角要素には主体間の要望関係を記述している．例えば，原作者と編集者の関係では原作忠実性という要望が共有されていることを示している．また，原作者から制作者への関係は原作忠実性であるが，制作者から原作者への関係では番組優先という要望があることを示している．

表5.1　主体関係分析

	原作者	編集者	制作者	脚本家	SNS
原作者	原作が大切	原作忠実性	原作忠実性	原作忠実性	事実を回答
編集者	原作忠実性	作品の展開	原作忠実性	—	警戒
制作者	番組優先	番組優先	改変が当然	番組優先	—
脚本家	脚本優先	—	保護を要請	脚本優先	不満を投稿
SNS	同情	—	—	非難	自由な発言

　SNSには，この事件の当事者ではない多くの閲覧者がいる．閲覧者はSNSの投稿を見て，自分が感じたことを自由に投稿する．SNSの閲覧者がどのような意見を投稿するかを予測することは難しい．炎上の機会は至る所にある．自身の不満を投稿したことがかえって墓穴を掘ることになるかもしれない．SNSという開放された空間では，不用意な発言を慎む必要があることがこの事件の教訓である．

　本件に関して原作者と脚本家，閲覧者を含めたSNS上のコミュニケーションをシステミグラムで構造分析した結果を図5.1に示す．この図ではSNS上のコミュニケーションを対象にしたため，原作や脚本などの著作物については省略している．

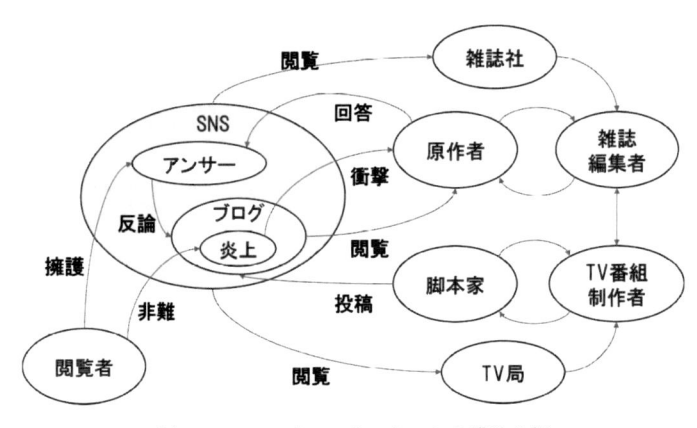

図5.1　SNSコミュニケーションの構造分析

・SNSの残存性

　SNSやブログには，投稿内容の問題部分を削除しても拡散した情報の回

収は不可能だという情報の残存性がある．したがって一度発信した情報を取り返すことはできないから，投稿前に問題がないことをよく確認する必要がある．

　発信すべきでない情報の例には，① 他人を誹謗中傷する情報，② 他人のプライバシー情報，③ 公序良俗に反する情報，④ 人種，民族，言語，宗教，身体，病気，性，思想，信条に関する差別的情報などがある．実際に，大学生が不適切な行動をSNSに投稿した結果，閲覧者が大学に通報し，企業調査により内定の取り消し，本人の経歴を閲覧者が調査して公開するなどのトラブルが発生している．

5.3.4　SNS利用における注意点

　以下では，SNS利用における行動指針の例として名古屋国際工科専門職大学におけるソーシャルメディアについての行動指針 [10] を紹介する．

　ソーシャルメディアの使い方を誤ると，法令に違反したり，本人だけでなく大学の名誉を傷つけたり重大な問題を引き起こすことがある．ソーシャルメディアは公の場であるから，以下を認識・理解する必要がある．
- 不特定多数が投稿情報を閲覧すること
- 投稿情報が多様な形で拡散され，社会に影響すること
- 投稿情報の削除が困難であること
- 投稿情報が閲覧者に誤解される可能性があること
- 投稿情報が大学の名誉を傷つけないように責任をもつこと

また，同大学の学則では他人を誹謗中傷する投稿および大学の名誉を傷つける投稿をした学生を処罰するとした上で，以下の投稿を禁止している．
- 臨地実務実習，インターンシップで企業を訪問する場合，訪問先の状況の投稿
- 守秘義務違反や機密情報の漏洩があるとして責任が問われる投稿
- 疑わしい投稿
- 授業内容，課題内容，試験問題の投稿
- なりすまし投稿
- 不適切な写真・動画

・便乗や拡散を助長する投稿

　さらに，投稿情報と公開範囲，誹謗中傷リスクについて以下の注意点を指摘している．

① 投稿情報

　・自分が権利をもつか共有する権利がある情報に限定すること

　・第三者の特許権・意匠権・商標権・肖像権を侵害しないこと

② 公開範囲

　・不特定多数から閲覧されると，個人の特定や個人情報の悪用に利用されることがある

　・公開範囲を友人に限定しても，閲覧した情報を不特定多数が閲覧できる場に友人が再投稿する可能性がある

③ 誹謗中傷リスク

　・投稿情報が誤解されるかもしれない

　・不快感を与えないように，不用意な発言に注意する

　・実名を挙げた投稿では，誹謗中傷を意図していなかったとしても拡散・炎上の可能性がある

　・実名を出さなくても実名が特定できれば同じである

●**事件**　フワちゃん活動休止

　お笑い芸人のやす子氏に対して，タレントのフワちゃんが自身のXに投稿したことに始まる"暴言"騒動の経緯は以下のとおりである [11]．

2024年8月2日　やす子氏が「やす子オリンピック　生きてるだけで偉いので皆　優勝でーす」とXに投稿した．

8月4日　この投稿に対してフワちゃんが「おまえは偉くないので、死んでくださーい　予選敗退でーす」と引用リポストした．この投稿は即座に削除されたが，この内容のスクリーンショットが拡散された．同日，やす子氏が「とっても悲しい」と反応すると，フワちゃんは「言っちゃいけないこと言って、傷つけてしまいました　ご本人に直接謝ります」と投稿した．

8月5日　フワちゃんがパーソナリティを務めるニッポン放送の「フワちゃんのオールナイトニッポン0」が放送予定日当日に休止になった．また，

フワちゃん出演の「消しゴムマジックで消してやるのさ！」のキャッチフレーズで知られるスマートフォン「Google Pixel」のCM動画も非公開となった．

8月8日　「やす子さんへのお詫びと，皆様へのご報告」としてXに投稿した謝罪文でフワちゃんは「やす子さんの投稿に『アンチコメントが付くなら』」との趣旨で投稿画面に問題となった文章を入力し，「その場にいた方」へ画面を見せていたところ誤って投稿してしまったと説明した．

8月9日　やす子氏は「私はSNSは明るい言葉を発信したいと思っているので、今後は言及しません」と投稿した．この日，放送休止になったラジオ番組からのフワちゃんの降板が発表された．

8月10日　やす子氏は「言及しないと言ったんですが　フワちゃんさんのことめちゃめちゃ許してます！　もう終わりましょう！！」と投稿した．

8月11日　一連の騒動を受けて，フワちゃんは芸能活動を休止すると発表した．

本件に関するニッポン放送の見解は以下のとおりである [12].

> ニッポン放送は番組基準というルールを設けており、他者を尊重しない誹謗中傷する行為については決して認めることができないと考えております。フワちゃんの今回の不適切な投稿は番組外での発信ではありますが、当社の考え方に著しく反するものであり、『オールナイトニッポン0(ZERO)』の降板を決定いたしました

見解にもあるように，ニッポン放送の番組基準 [人権・人格] では「人権・人格を尊重する。これを軽視するような取扱いはしない。」と定めている [13].

また，フワちゃんを広告起用していたGoogleは，「他者を尊重しない行為に関しては厳格なポリシーを有しています」としてCM動画を非公開にした [14,15]．Googleの持ち株会社Alphabetが発表したCode of Conduct（行動規範）の冒頭では「正しいことを行うこと．法に従い，尊敬される行動を取り，お互いに敬意を持って接すること」としている [16].

この事件の当事者は，対立した2名のタレント（やすこ氏とやすこ氏を誹謗中傷したフワちゃん），フワちゃんを番組で起用した放送局と広告企業

である．また関係者としてSNSの閲覧者がいる．放送局と広告企業には企業の行動規範がある．しかしフワちゃんとSNS閲覧者には明確な行動規範はないことから，今回の事件になったと言える．

　フワちゃんに適切な倫理観が欠落していたことの原因の一つとして，フワちゃんへの行動規範の教育が十分ではなかったことが考えられる．フワちゃんは芸能事務所に所属していないフリー（個人事務所）のタレントだが，芸能事務所に所属している場合には所属芸能事務所が所属タレントへの倫理教育を十分行う必要がある．タレントを起用する企業は，タレントの倫理観を評価し，それが不十分な場合には倫理教育の徹底を事務所に要求すべきである．また，倫理観の欠落したタレントや事務所を採用すべきではない．SNS閲覧者にも情報倫理が求められるが，徹底するのは難しい．SNSへの投稿では，炎上リスクがあることを認識して十分な配慮が必要である．

5.4　SNS上の犯罪行為

　SNS上の犯罪の代表例として誹謗中傷（名誉棄損，侮辱）がある．SNSはネット上の公の場であるから，実名を挙げてその人をSNSで誹謗中傷すると罪になる可能性が高い．他にもネットいじめ，不適切投稿，ストーカー行為，性的脅迫，詐欺などがある．本項ではこれらの一部の例を説明する．

5.4.1　ネットいじめ

　ネット上でのいじめには，① 同級生の悪口や中傷メールが本人や他の同級生に送信される，② 不快な記事や写真がSNSに投稿される，③ 突然LINEグループから削除される「LINEはずし」，④ 「LINEはずしした」と逆恨みされて事件が発生するなどがある．

　ネットいじめの被害にあった場合，証拠データを保存して，学校や警察に相談することが大切である．

5.4.2　不適切投稿

不適切投稿には，悪ふざけと脅迫・犯行予告がある．

悪ふざけ投稿では，悪ふざけをした際の写真を投稿して犯罪の証拠を自分で暴露する事件が頻発している．

- ・アルバイト先で冷凍庫に入った
- ・アルバイト先の商品を汚した
- ・飲食店で食品や調味料をなめた
- ・試験でカンニングした

悪ふざけの安易な投稿をすると，投稿が追跡され本人特定されることで犯罪として検挙される可能性がある．SNSに投稿する前に，どんな社会的制裁や事件が発生するか十分に考える必要がある．犯行予告についても同様である．

投稿の結果がどうなるかを考える人物は安易な投稿などしない．投稿結果が最終的にどんな帰結をもたらすか想像できない人物が投稿するのだろう．その投稿行為は社会にとって善なのかを判断する倫理観を涵養する必要がある．社会にとって投稿行為が善でなければ，炎上や検挙，多額の賠償請求などの社会的な制裁を投稿者自身が受けることになるのは明らかである．

5.4.3　ストーカー行為

定義　ストーカー行為 [17]

特定の相手の身辺に付きまとう行為．

ストーカー行為にはメールやSNSを使った付きまといも含まれる．ストーカー行為への対応では，警察署に被害届けを提出してストーカー行為をやめるように警告や禁止命令を発出する必要がある．もしストーカー行為が続く場合，ストーカー行為を行った者は1年以下の懲役または100万円以下の罰金で処罰される．

5.4.4 性的強迫

> **定義　性的脅迫(sextortion) [18]**
>
> 　プライベートな写真や動画を入手してばらまくなどと脅迫する行為を指す．性「sex」と脅迫「extortion」をつないだ造語．

　性的脅迫の手口の一例は以下のとおり．まずSNSでコンタクトする．次に，ビデオチャットなどで私的な動画をやり取りしたいと，不正アプリのインストールを要請する．不正アプリが使えるようになると，電話帳情報・私的動画データを窃取する．最後に，電話帳登録者に私的動画を拡散すると脅迫して金銭を要求する．

　このような行為は犯罪であるから性的脅迫に応じてはならない．法的に対応すべきである．

5.4.5 ネット詐欺

　ネット詐欺には，ワンクリック詐欺，架空請求，投資詐欺などがある．

・ワンクリック詐欺 [19]

　Webページを閲覧したり見覚えのない送信元からのメールを開いたりすると「会員登録されました．月額10万円の料金を2週間以内に下記の口座に振り込んでください」といった画面が表示されることがある．そのページに記載されたリンクをクリックすると，有料サイトに誘導されて「会費を払わなければ訴えられます」などと警告する画像が表示される．その画像をクリックすると会員登録され，料金を請求されることになる．

　ワンクリック詐欺の対策は，① 怪しげなWebサイトを閲覧しない，② 不審なメールを開かない，③「今なら無料」などの表示にだまされないことである．

　他にも，申込ボタンをクリックした後に確認画面が表示されず契約が完了してしまうということがある．その場合は電子消費者契約法により，本人による意志の確認がなければ契約は無効となる．また，操作ミスによる申込も無効となる．なお，ネット通販などでは契約内容を確認する画面表

示が義務付けられている.

・架空請求

定義　架空請求

一度も利用したことのないサイトの利用料金を求めること.

無料サイトの利用料金を求めること.

契約と異なる有料サイトの利用料金を求めること.

全国の消費生活センターには「利用した覚えがない架空の請求を受けているが, どうしたらよいか」など, 架空請求の相談が寄せられている. 国民生活センターでは, 架空請求対策として利用していなければ連絡しない, 証拠を保管する, 最寄りの消費生活センターに相談することなどを紹介している [19].

●事件　LINEアカウントの窃取 [20]

ペットを口実にLINEアカウントを乗っ取る事件が発生した. まず他のSNSで「かわいいと思うペットに投票してください」などとするDMを送信し, 次に偽のログイン画面に誘導して認証情報を入力させるという手口であった.

これは, 動物保護を手掛けるエイワ・インターナショナルが実施していた, 犬の動画を募って視聴による広告収入などを犬の支援活動に使う「みんなのワンちゃんグランプリ」という取り組みに目を付けて模倣・悪用していたものである. グランプリの運営事務局は5月16日に「投票の際にブラウザでGoogleアカウントにログインする必要がありますが, LINEをはじめ各種SNSへのログインを誘導するようなことはありません。また、DMで個別に投票を誘導するような活動も行なっておりません。」と注意喚起した [21]. これを受けて, 2024年5月17日にLINEの公式Xアカウントが注意喚起した.

・投資詐欺

定義 SNS型投資詐欺 [22]

　インターネット上に著名人の名前・写真を悪用した嘘の投資広告を
出し,「必ずもうかる投資方法を教えます」とメッセージを送るなどし
て詐欺を目的とするSNSに誘導し, 投資に関するメッセージのやり取
りを重ねて被害者を信用させ, 最終的に「投資金」や「手数料」など
という名目でネットバンキングなどの手段により金銭等を振り込ませ
る詐欺.

　警察庁は, SNS型投資詐欺にだまされないための注意点として, 以下を
示している [22].
- ・投資先が実在しているか・国の登録業者かどうか
- ・「必ずもうかる」「あなただけ」といった文言に注意
- ・投資を勧めている「著名人」がなりすましでないか
- ・投資に関係する「暗号資産」や「投資アプリ」等が実在するか
- ・振込先の口座に不審な点がないか

SNS型投資詐欺に似た詐欺としてSNS型ロマンス詐欺がある. SNS型
ロマンス詐欺では, まず相手方がSNSなどの非対面での連絡手段を用いて
被害者と複数回やり取りすることで恋愛感情や親近感を抱かせ, 最終的に
金銭等をだまし取る.

　このように, SNS上の魅力的な情報の裏側には, 我々をだまそうとする
悪人がいる可能性があることに注意する必要がある. また, 我々がもって
いるSNSのアカウントを悪人から守る必要がある. そうしないと, 我々の
アカウントが不正利用されて知らないうちに悪事に加担してしまう危険が
ある.

　最後に, 著者が危うくだまされるところだったサポート詐欺 [23] の例を
紹介したい. ネットでWebサイトを閲覧しているときに, 突然けたたま
しい音声とともに「パソコンがウィルスに感染しています」という警告画

面がポップアップで表示された．緊急地震速報のときと同じように警告音が繰り返され鳴りやまないので，どうしたらいいかと警告画面を見ると，サポート窓口の電話番号が表示されていた．そこに電話すると，外国語なまりの日本語でアプリのダウンロードを要求された．著者はそこで詐欺だと気が付いて電話を切ったが，もしそのアプリをダウンロードしていた場合，画面で通話できるようになり，相手先の人物がこちらを信用させようとマイクロソフトの社員証を見せてくる．しかし，マイクロソフトのサイト [24] を見ると，社員証を提示することはないことが分かる．

　ポップアップ警告画面に表示された場合，そこに記載された番号に電話してはいけない．警告画面が出た段階ではパソコンはウィルスに感染していないので，警告画面を閉じるだけでいい．もし相手が指示したアプリをダウンロードしてしまったら，そのアプリはすぐにアンインストールする必要がある．

　人間は誰もが想定外の状況や極度の緊張の下では冷静な判断ができなくなる．このような環境を過誤強制状況と言う．オレオレ詐欺の被害者が「まさか自分がだまされるとは思ってもみなかった」と後悔するのは，このような過誤強制状況に置かれていたからである．サポート詐欺では，この人間心理を突く巧妙な詐欺の仕掛けを組み合わせている．このような詐欺の場面に読者が遭遇したら，まず落ち着くこと，そして一人で対処するのではなく信頼できる身近な人物に相談することが重要である．詐欺師は信頼できる第三者を装って我々をだましにやってくるから要注意である．

参考文献

[1]　菅谷明子：『メディア・リテラシー―世界の現場から―』，岩波新書 (2000).

[2]　越智貢，土屋俊，水谷雅彦編：『情報倫理学―電位ネットワーク社会のエチカ』，ナカニシヤ出版 (2000).

[3]　平本毅：日常的 CMC 実践の情報倫理学―インタラクティブな達成としての「専門性」―，『立命館産業社会論集』，第 39 巻第 4 号, pp.123-144 (2004).

[4]　THE PAGE「ネットの匿名性は保証されるのか？　「2 ちゃんねる」個人情報流出事件」，2013.9.10
https://news.yahoo.co.jp/articles/b9ce886d6e509d9057460d64b8e51bcd9bb95737
（2025 年 2 月 5 日参照）

[5]　土屋俊監修，大谷卓史編著：『情報倫理入門（改訂新版）』，アイ・ケイ・コーポレー

ション (2014).

[6] IETF, RFC 1855 Netiquette Guidelines
https://www.ietf.org/rfc/rfc1855.txt（2025年2月5日参照）

[7] 鞆大輔：『学生時代に学びたい情報倫理』，p.17，共立出版 (2011).

[8] 風評被害対策の教科書「バカッター炎上事件後に会社が破産した事例」2022.1.27
https://www.soluna.co.jp/fuhyo-kyokasho/column/1721/（2025年2月5日参照）

[9] 小学館 特別調査委員会「調査報告書（公表版）」2024.6.3
https://doc.shogakukan.co.jp/20240603a.pdf（2025年2月5日参照）

[10] 名古屋国際工科専門職大学「学生要覧」(2024).

[11] 城戸譲「フワちゃんの謝罪に見えた「無邪気」という危うさー「多様性」のラベル
が剥がれて表出したものー」東洋経済ONLINE, 2024.8.13
https://toyokeizai.net/articles/-/801046（2025年2月5日参照）

[12] ニッポン放送『フワちゃんのオールナイトニッポン0(ZERO)』について
https://www.allnightnippon.com/fuwa/（2025年2月5日参照）

[13] ニッポン放送「ニッポン放送 番組基準」
https://www.1242.com/lf/kijyun/（2025年2月5日参照）

[14] 坂口孝則「フワちゃんCM削除「Googleの判断」が妥当な理由ー「やす子が許せ
ば問題ない」とは企業は考えないー」東洋経済ONLINE, 2024.8.9
https://toyokeizai.net/articles/-/797584?display=b（2025年2月5日参照）

[15] 「フワちゃん「Google激オコな理由はこれ」CM非公開の背景に"iPhone"から
の投稿か…謝罪文はAndroidに変更」週刊女性PRIME, 2024.8.9
https://www.jprime.jp/articles/-/33113（2025年2月5日参照）

[16] Google Code of Conduct
https://abc.xyz/investor/google-code-of-conduct/（2025年2月5日参照）

[17] 山住富也：『ソーシャルネットワーク時代の情報モラルとセキュリティ』，p.34，近
代科学社Digital (2021).

[18] 高橋慈子，原田隆史，佐藤翔，岡部晋典：『情報倫理ーネット時代のソーシャル・
リテラシー』，技術評論社 (2022).

[19] 国民生活センター「「利用した覚えのない請求（架空請求）」が横行しています」
2024.11.28
https://www.kokusen.go.jp/soudan_now/data/kaku-seikyu.html（2025年2月5
日参照）

[20] ITmedia「ペット口実にLINEアカウント乗っ取り　外部SNS使った手口に注意」
2024.5.18
https://www.itmedia.co.jp/news/articles/2405/18/news050.html（2025年2月5
日参照）

[21] みんなのワンちゃんグランプリ「「LINEアカウント乗っ取り」に注意してくださ
い！」2024.5.16
https://www.dog-house.jp/3355/（2025年2月5日参照）

[22] 警察庁「SNS型投資詐欺」

https://www.npa.go.jp/bureau/safetylife/sos47/new-topics/investment/（2025
年2月5日参照）

[23] IPA「パソコンに偽のウィルス感染警告を表示させるサポート詐欺に注意」2024.11.21
https://www.ipa.go.jp/security/anshin/attention/2024/
mgdayori20241119.html（2025年2月5日参照）

[24] マイクロソフト「テクニカルサポート詐欺から身を守る」
https://support.microsoft.com/ja-jp/windows/%E3%83%86%E3%82%AF%E3%
83%8B%E3%82%AB%E3%83%AB-%E3%82%B5%E3%83%9D%E3%83%
BC%E3%83%88%E8%A9%90%E6%AC%BA%E3%81%8B%E3%82%89
E8%BA%AB%E3%82%92%E5%AE%88%E3%82%8B-2ebf91bd-f94c-
2a8a-e541-f5c800d18435（2025年2月5日参照）

第6章
サイバー空間の情報倫理

6.1　サイバー空間における倫理

　サイバー空間における情報の活用と提示について，ルールと課題を説明する．SNSもサイバー空間の一種であり，5.3節「SNSの情報倫理」では主に個人間のコミュニケーション行為の倫理について述べた．本章では個人とサービス提供者の間での情報の活用と提示についての情報倫理を説明する．サイバー空間に限らず，情報の活用と提供ではしてよいことの規範である志向倫理 (Aspiration ethics) としてはならないことの規範である予防倫理 (Preventive ethics) の理解が重要である．志向倫理の立場では外交的，積極的に行動するのに対して，予防倫理の立場では内向的，消極的で行動が萎縮しやすい．サイバー空間ではこれらの倫理の理解が現実空間と比べて成熟しているとは言えないことから，注意すべきである．

　また，情報倫理を考慮したサイバー空間のデザインについても紹介する．さらに，サイバー空間における倫理や道徳・法令に関わる約束事としてのサイバー倫理について解説する．

6.2　サイバー空間の情報活用ルール

　サイバー空間には適切な情報活用ルールが必要である．本節では，情報活用ルールの先駆的な例としてEUの一般データ保護規則を紹介する．また，世界保健機関による情報的健康についても説明する．さらに，情報的健康を実現するために情報環境に必要とされる留意点を明らかにする．

6.2.1　EUの例

　サイバー空間における適切な情報活用ルールの例として，EUの規則を考える．EUによる一般データ保護規則 (GDPR) ではデータ主権がデータの発生源にあるとしていることから，サービス提供者による不適切な顧客情報の活用であるとEUから指摘されると，巨額の賠償金の支払いが課せられる．

定義 EU一般データ保護規則(General Data Protection Regulation, GDPR)

「EU基本権憲章」というEU法体系の根幹をなす法において保障されている，個人データの保護に対する権利という基本的人権の保護を目的とした法律.

GDPRは，EUを含む欧州経済領域(EEA)域内で取得した「氏名」や「クレジットカード番号」などの個人データをEEA域外に移転することを原則禁止した. 2016年5月24日に発効し，2018年5月25日から適用を開始した. EEA域内に現地法人・支店・駐在員事務所を置くすべての企業・団体・機関がGDPRの適用対象となるため，EEAと個人データをやり取りする日本企業や機関・団体も規制対象になる. そのためGDPRによるデータ保護規制が事業リスクになるとして，Yahoo! JAPANは欧州でのサービスから撤退した. 実際，筆者も欧州でスマートフォン（スマホ）やPCを用いてYahoo!ニュースを閲覧しようとして閲覧できなかった経験がある.

6.2.2 情報的健康

世界保健機関(World Health Organization, WHO)によれば，病気でないとか，弱っていないということではなく，肉体的にも，精神的にも，そして社会的にも，すべてが満たされた状態にあることが「健康」である [1].

情報環境においては，個人が望む健康を満足する状態が「情報的健康」である. 情報的健康を保つためには，明示的に制御された意識的な判断過程を修得する必要がある [2]. したがって，情報的健康を実現する情報の活用が制御できるような「情報環境」が必要である.「情報環境」の充実のために，以下に挙げる項目に留意することが大切である.

・ソーシャルポルノ

個人が社会的欲求を満たすために利用できる情報や記事を「ソーシャルポルノ (Social Porn)」と言う. 娯楽のために，個人が判断情報や記事を消費することが「ソーシャルポルノ仮説」である.

・フィルターバブル

　自分が見たい情報しか見えなくなる現象が「フィルターバブル」である．フィルターバブルの泡の中では好む情報だけが見えてそれ以外が排除されるので，自分色の情報の泡に閉じ込められた状況になり，フィルターバブルの外に出る理由がなくなる．興味や関心が共通する人とSNSで友人関係を構築すると，自分の意見が肯定されやすいだけでなく，類似意見ばかりが反響する．

　フィルターバブルの関連用語として，類似意見を繰り返し読むことで異なる意見が見えなくなり，その意見が正しいと強く信じるようになる「エコーチェンバー (Echo Chamber)」がある．エコーチェンバーが発生すると，フェイクニュースや陰謀論に対して脆弱になるだけでなく，集団間の分断が加速し，民主主義が危機にさらされる．

・関心経済

　サイバー空間上のコンテンツが注目されることで経済的インセンティブを得る経済圏のことを「関心経済」と言う．現代社会の基盤的な経済原理として生まれた．関心経済ではコンテンツアクセスに応じた広告料収入を得ることができる．しかし，情報閲覧時間の有限性から関心の争奪が発生する．このため，より高い関心を獲得するためにコンテンツが過激化する可能性が高くなる．

　関心経済の問題は，記事の真偽ではなく，閲覧数が多い記事が重要な記事だとする傾向があることである．このため，記事の内容ではなく記事へ誘導する魅力的な見出しや画像が重要になる．記事へ誘導する魅力的な見出しや画像をclickbait（えさ）と言う．この問題の原因には，多様な情報ではなく好みの情報だけ見たい，真偽は関係なく，興味があるから情報を拡散するという多くの人たちの態度がある．これらの態度は特にSNSで顕著である．

・インプレゾンビ

　閲覧数（インプレッション）を増やすために，SNSで注目されている他人の投稿に無意味な返信などを繰り返し書き込む人たちのこと．災害時の

デマの拡散につながっているとして，X（旧 Twitter）にて他人の投稿にリプライを書き込むインプレゾンビが問題になっている．

6.3 サイバー空間の情報提示ルール

サイバー空間には，情報提示ルールが必要である．そのために本節では，適切な情報提示と不適切な情報提示について説明する．

6.3.1 適切な情報提示

適切な情報提示ルールとして，Cookie とリコメンド広告の例を紹介する．
利用者がログイン情報を Cookie に登録することにより，次回以降のログイン情報の入力を省略できる．なお，無条件に情報が登録されないように利用者が Cookie への情報登録を拒否できるルールになっており，通常は Cookie への情報登録を許可するか拒否するかを利用者が選択するポップアップメニューが提示される．GDPR の Cookie 規制では，本人からの同意がないかぎり Cookie を取得できないことになっている．日本では 2022 年 4 月 1 日の改正個人情報保護法で Cookie 規制が導入された．
オンラインショップのリコメンド広告では，利用者の行動情報に基づいて推奨商品の広告を提示している．このような広告は利用者の承諾がないと広告を提示できない「オプトイン方式」に基づいている．

6.3.2 不適切な情報提示

不適切な情報提示の事例として，商品や実店舗に不適切な評価を付与する行為を紹介する．

・インターネット上の不適切な書き込み
人の尊厳を傷つけ，社会的評価を低下させてしまうようなインターネット上の書き込みの例として，不確かな情報に基づいて何かしらの事件の関係者とされる人たちの個人情報を流すことや，誤った情報に基づいてまっ

たく関係のない人たちを誹謗中傷することが挙げられる．このような書き込みによって，名指しされた人は受けた被害の回復が困難となったり，人権を侵害されたりするなど重大な損害を受ける危険がある [3].

・不適切なコンテンツの提示
●事例　Mrs. GREEN APPLE「コロンブス」MV 炎上
　2024年6月12日に3人組バンドMrs. GREEN APPLE（略：ミセス）が公開した新曲「コロンブス」のMusic Video (MV) が炎上した [4]．この新曲はコカ・コーラが提供する音楽プラットフォーム「Coke STUDIO」のキャンペーンソングとして発表された．MVでは，ミセスのメンバーが西洋貴族風の衣装を身にまとい，たどり着いた島の類人猿を人力車の引き手として使うシーンや，音楽や乗馬，天文学などの学問を教えるシーンが差別的であるとして問題になった．

　この炎上を受けて，ユニバーサル ミュージックは13日に謝罪し，MV を公開停止した．また，ミセスのボーカルが「あらゆる可能性を指摘して別軸の案まで至らなかった我々の配慮不足が何よりの原因」と謝罪した．さらに，日本コカ・コーラ社は楽曲を使ったすべての広告素材の放映を停止することになった．

　この事例は，コンテンツの提示責任が問われた案件であった．情報の提示主体には，情報を提示することに対する責任がある [5]．そのため，意図に従って情報を適切に制作して提示する行為を統制する必要がある．また，情報提示の結果として発生する倫理的な過失に対して，提示者が責任をとる必要がある．すなわち，提示しようとする情報の制作意図，制作内容，提示行為の結果どのような倫理的過失が発生するかを企画段階から明確にする活動が求められる．本事例で情報提示後に発生した倫理的帰結としての経済的損失と失われた信頼は極めて大きい．
　サイバー空間の情報提示ルールには，① 批判的レビュールール，② 他者の視点を許容するルール，③ 他者との連帯を模索するルールがある．これらのルールを制作段階で考慮することで，ミセスの炎上事案を回避できた可能性がある．特に，ミセスの事案ではポリコレ (Political Correctness)

への配慮について制作段階で十分に討議する必要があったと考えられる.

定義 ポリコレ(Political Correctness)

差別・偏見をなくすために,特定のグループのメンバーに不快感や不利益を与えないように意図された活動.

ポリコレの例に,性別の差異を回避する表現「性中立的言語」がある.
<例 性中立的言語>
・スチュワーデス⇒キャビンアテンダント
・看護婦⇒看護師
・母子健康手帳⇒親子手帳
情報を提示する際には,他者の視点を考慮して表現に配慮することが大切である.

・スパムメール
不特定多数のメールアドレスに繰り返し送信される大量の迷惑メールがスパムメール(SPAM: Spontaneously Produced Advertising Message)である.
スパムメールは主に自発的に作成された広告メッセージである.スパムメールに対して抗議の返信をすると,逆に自分のメールアドレスを知られてしまうため返信してはいけない.スパムメール対策としてはメール着信拒否やメールフィルタリングが有効である [6].なお,特定電子メール法では,送信を許諾した人にしか送信できない「オプトイン方式」でスパムメールを規制している.

6.4 情報倫理を考慮したサイバー空間のデザイン

世界経済フォーラムは「倫理に基づく設計」(Ethics by Design)につい

ての白書を公開している．また，欧州連合はAIについて倫理に基づく設計の指針を示している．このことからも分かるように，サイバー空間の研究では研究仮説，研究計画，データ収集，データ分析，結果の抽出，結果の公開からなる各工程で情報倫理面での影響を考慮することが重要である．

　本節ではサイバー空間に対する倫理に基づく設計の方法について説明する．特に，人間コンピュータインタフェース(HCI, Human Computer Interface)設計の倫理原則として，包括性，透明性，ユーザー制御，プライバシーについての原則を説明する．また，ユーザーインタフェース(UI)設計における倫理的な考慮点としてダークパターンを説明する．

6.4.1　サイバー空間

定義　サイバー空間

　コンピュータネットワーク上に構築された仮想空間のこと．

定義　仮想物理空間

　物理空間とサイバー空間からなる空間．CPS(Cyber Physical Space)と表す．

　CPSでは，物理空間から収集した情報を仮想空間のデジタルツイン (Digital Twin)で表現する．物理空間の状況を仮想空間でリアルタイムに複製・再現した論理的な状況が，デジタルの双子という意味のデジタルツインである．デジタルツインによって，生産設備の予防保守などを実現できる．CPSの例としてSociety 5.0がある（参考：10.2.3項）．

＜例　Society 5.0 [7]＞

　Society 5.0ではフィジカル空間のセンサーからの膨大な情報をサイバー空間に集積する．サイバー空間ではこのビッグデータを人工知能(AI)が解析し，その解析結果をフィジカル空間の人間にさまざまな形でフィードバックする．

　Society 5.0では，サイバー空間とフィジカル空間を高度に融合するた

めに，またデータの共創・利活用をするために，データ利活用の場として
のデータスペースを構築する必要がある．

6.4.2 サイバー空間のデザイン

・倫理に基づく設計 (Ethics by Design)（参考：9.4節）

定義　Ethics by Design [8]

情報システムの要求・設計段階から倫理を考慮する開発手法．

　システムの構築後に倫理的課題に対応する機能を補完的に追加するので
はなく，設計段階から利用時に発生する倫理的課題を予想して解決してお
くことで，システムの倫理的欠陥を未然防止できる．類似概念にPrivacy
by Design, Security by Design, Safety by Designなどがある．

　世界経済フォーラムは「倫理に基づく設計」(Ethics by Design)につい
ての白書を公開している [9]．世界経済フォーラムでは，Ethics by Design
の3原則として① 注意原則，② 解釈原則，③ 動機原則を提示している．

　① 注意原則：人々に倫理について日常的に考えるように促すシステム
設計

　② 解釈原則：人々が倫理的な行動を認識するのに役立つシステム設計

　③ 動機原則：倫理的かつ社会的な行動を促すようなインセンティブと組
織文化の変革活動

　欧州におけるサイバー空間の研究では，研究仮説，研究計画，データ収
集，データ分析，結果の抽出，結果の公開からなる各工程で情報倫理面で
の影響を考慮する倫理的設計法を提案している．

・オンラインコミュニティにおける倫理

定義　オンラインコミュニティ

コンピュータを媒体とするコミュニケーション (Computer Mediated
Communication, CMC) を通じて対話し，互いに帰属意識を醸成する個

人集団.

定義　仮想空間のプライバシー

仮想空間のプライバシーには，① 情報プライバシー，② 物理的プライバシー，③ 集団的プライバシーがある．それぞれ，データの不正使用，匿名性の喪失，オンライン交流の侵害に対応する．

オンラインコミュニティの倫理的側面では，プライバシーだけでなく自律性についても考慮する必要がある．オンラインコミュニティの自律性の課題には，フィルターバブル，依存症，社会的順応などがある [10].

・スマホ経済圏のデザイン

定義　スマホ経済圏

スマホ端末，スマホOS，アプリストア，ブラウザ，スマホアプリからなるエコシステムのこと．

スマホでアプリを利用する場合，ブラウザやアプリストアでスマホアプリを検索し，アプリストアからスマホにアプリをダウンロードして利用することが多い．スマホ端末とスマホOSは，利用者数が増加すれば利用者が増える分だけ端末やOSの単価を低く押させて廉価に提供できることになる．したがって，事業規模が拡大すると単位当たりの経費を低減できるという経済性が働く．また，スマホアプリの利用者が増えればそれだけアプリ提供者も増加するからネットワーク効果が生まれる．したがって，Appleや Google など，スマホ端末やスマホOS，アプリストア，ブラウザを占有的に提供するプラットフォーム事業者は，アプリ提供でも圧倒的に有利な立場にある．

このため，デジタルプラットフォーム事業の公正競争に向けた取り組みが始まっている．EUでは，2024年3月にデジタル市場法（The Digital Markets Act, DMA法）の本格的運用を開始した [11]. 米国では司法省が

デジタルプラットフォーム事業者を提訴し，英国では2024年5月にデジタル市場の競争環境整備のための法案が成立した．例えば，デジタル市場法はEU域内市場への影響規模が大きく，重要なゲートウェイを管理するゲートキーパー事業者に対して，すべきこととしてはならないことを定めて規制している．

ゲートキーパー事業者がすべきこととして，サードパーティとの相互運用，ビジネスユーザーによるデータ利用，広告を検証するための手段を広告企業に提供すること，コアPF外でビジネスユーザーが顧客と契約締結できることがある．また，ゲートキーパー事業者がすべきではないこととして，第三者のサービス・製品よりも自社サービス・製品を有利に扱うこと，コアPF外の企業に消費者がリンクするのを防ぐこと，プレインストールされたソフトやアプリをアンインストールできないようにすること，同意なくコアPF外でユーザーを追跡することを提示している．

日本では，公正取引委員会による「スマートフォンにおいて利用される特定ソフトウェアに係る競争の促進に関する法律」（スマホソフトウェア競争促進法）が2024年6月に成立した．

・スマホソフトウェア競争促進法 [12]

スマートフォンが急速に普及し，国民生活や経済活動の基盤となる中で，スマートフォンの利用に特に必要なソフトウェア（モバイルOS，アプリストア，ブラウザ，検索エンジンのこと．これらを総称して「特定ソフトウェア」と言う）について，セキュリティの確保等を図りつつ，競争を通じて多様な主体によるイノベーションが活性化し，消費者がそれによって生まれる多様なサービスを選択できその恩恵を享受できるよう，競争環境の整備を行うための法律がスマホソフトウェア競争促進法である．

スマホソフトウェア競争促進法では，① 規制対象事業者の指定，② 禁止事項及び順守事項の整備，③ 規制の実効性確保のための措置を定めている．

① 規制対象事業者の指定

公正取引委員会は，特定ソフトウェアの提供等を行う事業者のうち，特定ソフトウェアの種類ごとに政令で定める一定規模以上の事業を行う

者を規制対象事業者として指定する．指定を受けた事業者を「指定事業者」と言う．

② 禁止事項及び順守事項の整備

特定ソフトウェアを巡る競争上の課題に対応するため，指事業者に対して一定の行為の禁止（禁止事項）や一定の措置を講ずる義務（順守事項）を定める．

③ 規制の実効性確保のための措置

指定事業者による規制の順守状況に関する報告，関係事業者による情報提供，関係省庁との連携，公正取引委員会の調査権限や違反を是正するための命令，課徴金納付命令（算定率20％）等の規定を整備する．

6.4.3 HCI設計

HCIは，人間とコンピュータの相互作用のことである．コンピュータが社会に浸透した現代では，至る所にHCIがある．例えば，駅の券売機やスマホを使うときにHCIを利用している．HCIがなければ，これらの装置を使うことはできない．人間がコンピュータをよりよく操作できるようにすることがHCIの重要な設計目標である．HCI設計の目的は，ユーザーの自主性とビジネス目標のバランスをとること，ユーザーの自主性と権利を尊重すること，ユーザーの自主性とビジネス目標のバランスを達成するために慎重な熟慮，透明性，倫理原則に取り組むことである [13]．

HCI設計の倫理原則である① 包括性原則，② 透明性原則，③ ユーザー制御原則，④ プライバシー原則について説明する．

① 包括性原則

背景や能力に関係なく，すべてのユーザーを考慮することを保証する倫理的デザインの原則．障害のあるユーザーや，多様な文化的および言語的背景をもつユーザーの考慮が必要である．特定のユーザーグループを排除する固定観念や偏見を永続させる設計を避けることも含む．

② 透明性原則

製品がどのように機能するか，どのようなデータを収集・使用するかをユーザーが理解・制御できるように提示することを定める原則．ユーザーを欺いたり混乱させたりする可能性のある「ダークパターン」などの操作的な設計を避ける必要がある．

ダークパターンには，強制アクション，隠れたコスト，誤解を招く情報，おとり商法，社会的証明の操作などがある．

・強制アクション：明示的な同意なしに特定のアクションの実行を強制された場合に発生する．ユーザーを自動的にニュースレターに登録したり，ユーザーの許可なくショッピングカートに商品を追加したりするなどの行為はユーザーの自主性を侵害し，不信感を引き起こす可能性がある．

・隠れたコスト：製品またはサービスの実際のコストを意図的に隠している場合に発生する．隠れたコストが顕在化すると，ユーザーがだまされ利用されたと感じる．

・誤解を招く情報：欺瞞的なコピーライティング，偽の緊急メッセージなど，意図的に虚偽の情報や誤解を招く情報をユーザーに提供する．

・おとり商法：ユーザーにとって魅力的な商品を提示しておき，いざユーザーがその商品に注目すると，望ましくない，または劣った商品に切り替えられてしまう．

・社会的証明の操作：ユーザー行動や意思決定に影響を与えるために，偽のレビューや体験談など，偽のまたは誤解を招く社会的証明を作成する欺瞞的な行為を提供すること．

③ ユーザー制御原則

ユーザー体験を確実に制御するための原則．プライバシー設定や通知設定など，ユーザー体験を明確かつ使いやすく制御できる製品を設計する必要がある．また，特定の機能やデータ収集をユーザーがオプトアウトできることも必要である．

④ プライバシー原則

ユーザーの個人情報を保護し，製品がユーザーのプライバシーとセキュ

リティを尊重することを保証する原則．必要最小限のデータのみを収集し，ユーザーデータを適切に保護する必要がある．また，データの収集と使用について透明性を確保し，ユーザーのプライバシーやセキュリティを侵害する可能性のある設計を避ける必要がある．

6.5　サイバー倫理

Flynn [14] はサイバー空間の課題について「新たな社会的ダイナミクスを実現するサイバー空間では，倫理的行動のための限定的な自己規制が必要である」と指摘している．このために，サイバー空間の社会規範，サイバー空間のフォーラムルール，評判による商品・サービスの評価が必要である．

そこで，本節ではまずサイバー空間のルールについて包括的なサイバー倫理を明確にする．次に，プラットフォーマーなどのサイバー空間提供者が個別的に策定したルールの例として，データ主権はデータの発生源にあるとする一般データ保護規則 (General Data Protection Regulation, GDPR) に基づき，データ主権，可用性，相互運用性，可搬性，透明性を確保することを目的としている欧州連合の自律分散型企業間データ連携基盤Gaia-X [15] 等についても紹介する．最後に，サイバー空間の今後について考える．

6.5.1　サイバー空間におけるコミュニケーション

定義　サイバー倫理学 (Cyber Ethics) [16]
サイバー空間における倫理や道徳さらには法学にも関わる約束事のこと．

現実空間とサイバー空間におけるコミュニケーションの方法等について，表6.1で比較する．

表6.1 現実空間と仮想空間の比較

	現実空間	サイバー空間
コミュニケーション	個人同士が直接対面	コンピュータが仲介
交流方法	音声，身体動作，状況	文章，図表，音声，画像
個人情報	現実	匿名，自己開示
対人関係	現実的	仮想的
身体	現実	アバター（虚構）
責任	個人・団体	個人・アバター・プラットフォーマ
道徳	共有	多様
倫理	既知	未熟
法律	確立	未整備

以下に，サイバー空間での非倫理的トラブルとそれに対するサイバー空間提供者の対応の例を示す．

●事件　Googleマップクチコミ評価[17]

ある店舗にGoogleマップのクチコミで低評価が付けられた後，「クチコミの評価を改善できる」という営業電話がかかってきて断ったところ，低評価のクチコミが大量に投稿される事件が発生した．この店舗のそれまでの評価は「4」以上だったが，低評価が付けられ続けた結果，「2.6」にまで評価が急落した．このため，店舗が不適切なクチコミとしてGoogleに報告したところ，Googleは「詐欺集団に報酬を払わないで」と呼びかけることになった．

●事件　SNS型投資詐欺

2024年に，SNSで投資を持ちかける詐欺の疑いで大阪を拠点とする2グループの90人が逮捕された[18]．有名人を騙った偽画像や偽音声を使って詐欺サイトへの誘導を許したとして，インスタグラムやフェイスブックを運営するメタなどのSNSプラットフォーマーの責任が問われている[19]．虚偽広告を使う詐欺サイトに誘導する表現を許すことが正しい行為なのか，なぜ許しているのかについて，プラットフォーマーが説明責任を果たす必要がある．

これらの例の他にも，インターネット上では爆弾製造などの攻撃的な資

料が簡単に入手できること，またそのような資料を簡単に閲覧できることへの懸念から国家によるインターネット検閲措置が導入されている．しかし，監視対象の定義や範囲の特定が困難であること，仮想空間の監視コストが膨大になること，政府による監視が民主主義の侵害や表現の自由を制約することなどから検閲への抵抗もある．

6.5.2　倫理的サイバー空間の構築

前項のような事情から，すでに社会全体に浸透したインターネット空間を監視して不正行為や危険行為を検閲するのではなく，新たに倫理的サイバー空間を構築することが考えられる．

例えば，Kizza [20] が倫理的サイバー空間の条件として，コミュニティ標準の策定，コミュニティ内外での自主規制，文明化されたコミュニティ規範「寛容や美徳の尊重」，サイバー空間上の不法行為を訴追するための国際システムの構築を提示している．また，欧州産業データエコシステムGaia-X [15] では，Gaia-X ポリシールールと標準アーキテクチャ，基盤エコシステム，基本原則（アイデンティティ・トラスト，主権データ交換，フェデレーテッド・カタログ，コンプライアンス），データ空間上のスマートサービスを提供するデータエコシステムからなる4階層アーキテクチャを標準化している．なおGaia-Xでは，基本原則を満足しない企業はデータ連携ができない．

6.5.3　今後のサイバー空間の情報倫理

以上に見てきたように，サイバー空間における情報倫理は未熟である．また，サイバー空間の法整備もまだこれからという段階である．一方で，サイバー空間と現実空間は密接につながっていることから，このサイバー空間の弱点を利用した犯罪行為が発生している．

サイバー空間の情報倫理が成熟しなければ，サイバー空間上の行為の善悪が判断できない．今後，サイバー空間における行動規範としての情報倫理を成熟させていく必要がある．例えば，サイバー空間上でサービスを提供するプラットフォーマーが悪質な行為を検知して制限することなどが求

められる．この場合，行為の悪質性についての明確な基準が必要である．広告収入のあるSNS型投資詐欺のようなサイトをプラットフォーマーがなかなか閉鎖しないのは，利用者の経済的損害を補償する必要がないからではないかと思われる．プラットフォーマーが非倫理的計算をしているのではないかと疑われてもしかたがない．製造物責任法のようなサイバー空間に対する法的整備が必要になるだろう．

それまでは，怪しいサイトを検知するような，プラットフォーマーから独立した第三者によるサービスの登場が望まれる．例えば，SNSで有名人を騙り投資を勧誘するサイトへのリンクなどがあれば自動的に検知して，利用者に危険なサイトであることを提示するのである．あるいは，逆に安全なサイトであることを示すマークをサイトに表示するようなことも考えられる．

参考文献

[1] 日本WHO協会「世界保健機構（WHO）憲章とは」
https://Japan-who.or.jp/about/who-what/charter/（2025年2月5日参照）

[2] 鳥海不二夫：情報的健康を支援する社会システムに向けて，『人工知能学会誌』，Vol.38, No.3, pp.413-419 (2023).

[3] 政府広報オンライン「インターネット上の人権侵害に注意！」2024.4.9
https://www.gov-online.go.jp/useful/article/200808/3.html（2025年2月5日参照）

[4] 増沢隆太「「ミセス炎上」MV停止や即謝罪でも"延焼"の深刻度」東洋経済ONLINE，2024.6.15
https://toyokeizai.net/articles/-/762891（2025年2月5日参照）

[5] 情報教育学研究会・情報倫理教育研究グループ：『インターネット社会を生きるための情報倫理 改訂版』，p.92，実教出版 (2022).

[6] 越智貢，土屋俊，水谷雅彦編：『情報倫理学－電位ネットワーク社会のエチカ』，p.84，ナカニシヤ出版 (2000).

[7] 内閣府「Society 5.0」
https://www8.cao.go.jp/cstp/society5_0/（2025年2月5日参照）

[8] Mathieu d'Aquin et.al, Towards an "Ethics by Design" Methodology for AI Research Projects, Proceedings of the 2018 AAAI/ACM Conference on AI, Ethics, and Society, pp.54-59 (2018).
https://dl.acm.org/doi/10.1145/3278721.3278765（2025年2月5日参照）

[9] World Economic Forum, Ethics by Design: An organizational approach to responsible use of technology (2020).

　　　https://jp.weforum.org/publications/ethics-by-design-an-organizational-approach-to-responsible-use-of-technology/（2025年2月5日参照）

[10]　M. Huysman and V. Wulf, Eds., The Effects of Dispersed Virtual Communities on Face-to-Face Social Capital, MIT Press, pp.53-74 (2004).

[11]　The Digital Markets Act: ensuring fair and open digital markets
　　　https://commission.europa.eu/strategy-and-policy/priorities-2019-2024/europe-fit-digital-age/digital-markets-act-ensuring-fair-and-open-digital-markets_en（2025年2月5日参照）

[12]　公正取引委員会「「スマートフォンにおいて利用される特定ソフトウェアに係る競争の促進に関する法律」の成立について」2024.6.12
　　　https://www.jftc.go.jp/houdou/pressrelease/2024/jun/240612_digitaloffice.html（2025年2月5日参照）

[13]　Dhairya Nagpal, The Ethical Dimensions of Human-Computer Interaction (2023).
　　　https://uxplanet.org/the-ethical-dimensions-of-human-computer-interaction-3b6df7f514bd（2025年2月5日参照）

[14]　Thomas R. Flynn, Ethics, Law and Technology: A Case Study in Computer-Mediated Communication, Proceedings International Symposium on Technology and Society, pp.125-134 (2001).

[15]　Gaia-X
　　　www.gaia-x.eu（2025年2月5日参照）

[16]　池田光穂「サイバー倫理学」
　　　https://navymule9.sakura.ne.jp/98BE3.html（2025年2月5日参照）

[17]　上代瑠偉「「Googleマップの低評価を削除します」営業断ったら低評価が大量にGoogleは「詐欺集団に報酬払わないで」と呼びかけ」ねとらぼ，2023.5.24
　　　https://nlab.itmedia.co.jp/nl/articles/2305/22/news175.html（2025年2月5日参照）

[18]　「森永卓郎氏など有名人かたり…SNS型投資詐欺急増 30代・40代も注意"怪しい"と思ったが1900万円失った人も」NHK首都圏ナビ，2024.4.19
　　　https://www.nhk.or.jp/shutoken/wr/20240419a.html（2025年2月5日参照）

[19]　時事通信 社会部「ＳＮＳ型投資詐欺、逮捕者９０人に　拠点摘発でグループメンバー――大阪府警」時事ドットコムニュース，2024.7.24
　　　https://www.jiji.com/jc/article?k=2024072400340&g=soc（2025年2月5日参照）

[20]　Kizza, J., Ethical and Social Issues in the Information Age
　　　https://link.springer.com/book/10.1007/978-1-4471-4990-3（2025年2月5日参照）

第7章

SDGsの情報倫理

7.1　社会の持続可能性と情報倫理

　2030年までに人類が抱える課題を解決するために，国連が定めた持続可能な開発目標がSustainable Development Goals (SDGs) である.2015年9月の国連サミットで加盟国の全会一致で採択された [1]．SDGsには，17ゴール・169ターゲットがあり，地球上の「誰一人取り残さない (leave no one behind)」ことを目指している.これらのゴール・ターゲットには社会・経済・環境の問題が密接に相互連関して複雑に絡み合っている.

　SDGsの17目標の概要を表7.1に示す．17目標のうちの1つの目標を取り上げるだけでは不十分で，総合的な視点が必要である [2]．例えば，SDGsの目標を達成する上では情報技術が欠かせない一方で，情報技術が社会に与える倫理面での新たな課題が発生することも明らかである．また，社会や産業全体でDXが進展していくと，社会経済の動きがデジタルツインで可視化されていく．すると，どこで誰が取り残されているかが見えるようになる [2].

　このように，社会課題解決と情報倫理は深く関係し合っている．これを踏まえて名古屋国際工科専門職大学の学位授与方針 [3] では，① ナレッジの獲得，② 高度な実践力，③ 共創の精神・チャレンジ精神に加えて，④ 高い倫理観を挙げている．「高い倫理観」とは，社会の一員として，情報技術分野の専門職人材として守るべき規範と倫理観を有していることである．高い倫理観の修得には，倫理観をもって社会に解決案を提案できる社会倫理だけでなく，地域社会の発展のために情報技術分野の専門職人材として貢献できる情報倫理が必要である．したがって，この学位授与方針の中で，SDGsが示すような社会課題を情報技術で包括的に解決することが求められている.

　また，目標達成に向けた国家レベルの対策として，首相官邸では関係行政機関相互の緊密な連携を図り，総合的かつ効果的にSDGs施策を実施するため，全国務大臣を構成員とするSDGs推進本部を設置している [4].

表7.1　SDGsの17目標の概要

1	貧困をなくそう	あらゆる場所で，あらゆる形態の貧困に終止符を打つ
2	飢餓をゼロに	飢餓に終止符を打ち，食料の安定確保と栄養状態の改善を達成するとともに，持続可能な農業を推進する
3	すべての人に健康と福祉を	あらゆる年齢のすべてのひとの健康的な生活を確保し，福祉を推進する
4	質の高い教育をみんなに	すべての人に包摂的かつ公平を質の高い教育を提供し，生涯学習の機会を確保する
5	ジェンダー平等を実現しよう	ジェンダーの平等を達成し，すべての女性と女児のエンパワーメントを図る
6	安全な水とトイレを世界中に	すべての人に衛星へのアクセスと持続可能な管理を確保する
7	エネルギーをみんなにそしてクリーンに	すべての人々に手ごろで信頼でき，持続可能かつ近代的なエネルギーへのアクセスを確保する
8	働きがいも経済成長も	全ての人のための持続的，包摂的かつ持続可能な経済成長，生産的な完全雇用および働き甲斐のある人間らしい仕事を推進する
9	産業と技術革新の基盤を作ろう	強靭なインフラを整備し，包摂的で持続可能な産業化を推進するとともに，技術革新の拡大を図る
10	人や国の不平等をなくそう	国内および国家間の格差を是正する
11	住み続けられるまちづくりを	都市と人間の居住地を包摂的，安全，強靭かつ持続可能にする
12	つくる責任つかう責任	持続可能な消費と生産のパターンを確保する
13	気候変動に具体的な対策を	気候変動とその影響に立ち向かうため，緊急対策を取る
14	海の豊かさを守ろう	海洋と海洋資源を持続可能な開発に向けて保全し，持続可能な形で利用する
15	陸の豊かさも守ろう	陸上生態系の保護，回復および持続可能な利用の推進，森林の持続可能な管理，砂漠化への対処，土地劣化の阻止および逆転，ならびに生物多様性損失の阻止を図る
16	平和と公正をすべての人に	持続可能な開発に向けて平和で包摂的な社会を推進し，すべての人に司法へのアクセスを提供するとともに，あらゆるレベルにおいて効果的で責任ある包摂的な制度を構築する
17	パートナーシップで目標を達成しよう	持続可能な開発に向けて実施手段を強化し，グローバルパートナーシップを活性化する

7.2　SDGs と情報倫理

　SDGs は目標だけの体系であって，ルールは各国で決めることになっている．到達点を示しながらもやり方は自由であり，課題によって必要なときにはルールを作ることを排除しないというのが，SDGs の大きな特徴である．SDGs の唯一の進捗管理方法は，目標の達成度を測ることである．

　SDGs を実現するためには，情報システムの開発が必要になる．たとえば，G7「エネルギーをみんなにそしてクリーンに」G8「働きがいも経済成長も」G9「産業と技術革新の基盤をつくろう」G11「住み続けられるまちづくりを」G12「つくる責任つかう責任」G13「気候変動に具体的な対策を」などのゴールを実現するためには情報システムの活用が不可欠である．

　このような情報システム開発の過程で情報倫理が重要になる．社会課題を解決するための情報システムが新たな倫理問題を引き起こすべきではないからである．図 7.1 では，SDGs と倫理，情報技術の相互関係を示している．SDGs を実現するために情報技術が果たす役割は大きい．一方で，情報技術の発展が情報格差を助長するなど SDGs の脅威になることもある．

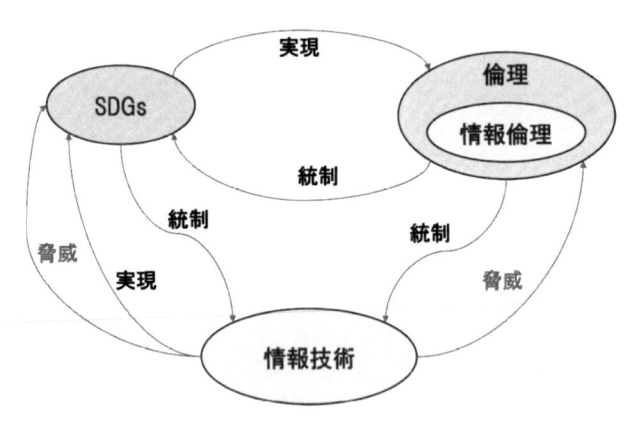

図7.1　SDGs と倫理，デジタル技術の関係

7.2.1　情報倫理の課題

　SDGsを分野型，横断型，グローバル型，包括型に分類して情報技術と情報倫理の関係を整理して表7.2に示す．例えば，情報技術を用いることにより，G2：食糧安全，G3：健康・福祉，G4：教育，G6：水資源，G7：エネルギーなどの分野活動を支援することができる．分野情報では，食料の充足率，健康情報，教育状況，資源充足率，エネルギー消費量など，各分野で現状がどうなっているかを情報技術で可視化することができる．一方で，これらの情報が個人情報や企業機密に関わることから，情報倫理の観点では個人情報保護や機密情報保護を考慮する必要がある．

表7.2　SDGsと情報技術，情報倫理の関係

分類	SDGs	情報技術	情報倫理
分野型	G2: 食糧安全 G3: 健康・福祉 G4: 教育　G6: 水資源 G7: エネルギー	食料の充足率，健康情報，教育状況，資源充足率，エネルギー消費量	個人情報保護 機密情報保護
横断型	G8: 労働　G9: 産業促進 G11: 居住環境　G12: 生産消費	労働情報，産業情報，居住情報，生産消費情報	個人情報保護 機密情報保護
グローバル型	G13: 気候環境 G14: 海洋資源 , G15: 地上環境	広域環境情報	環境情報保護
包括型	G1: 貧困撲滅 G5: ジェンダー平等 G10: 不平等の是正　G16: 司法 G17: パートナーシップ	ジェンダー情報 個人情報 司法アクセス情報	個人情報保護 司法情報保護

　次に，SDGsを支援する情報技術ソリューションに共通する情報倫理の課題について説明する．情報技術を活用する場合，SDGs全体に対してどのような効果があるかを考える必要がある．特定のゴールだけを見てしまうと，他のゴールの実現を妨げることになるかもしれない．

・低賃金労働

　低賃金労働と関連するSDGsの目標は，G1：貧困をなくそう，G8：働きがいも経済成長も，G10：人や国の不平等をなくそう，G12：つくる責任・つかう責任などである。低賃金労働の例としてAIシステムの開発プロ

セスにおける学習データのラベリング作業があり，この作業は開発におい
て非常に重要である．世界では約24万人の外部委託労働者がこのラベル付
け作業に従事している [5]．つまり，時給1ドル以下で働く新興国や途上国
の労働者の貢献がなければ，AIを開発できないということである．低水準
の労働条件や低賃金が，AI開発における新たな倫理問題を生んでいる．

・創作物・知的財産

　情報技術が人間行動に介在することで行動の性質や意味が変化するから，
ソフトウェア・創作物の著作権，不正ログイン，知的財産権や肖像権の侵害
などで混乱が生まれる．情報倫理は，このような情報技術が生み出す「概
念の空白」(Policy Vacuums) [6] を埋めることができる．

　例えば，米国脚本家・俳優組合のストライキでは，AIが脚本を書くなど，
人工知能の進歩によって脚本家の仕事が減らないよう保護する体制や，脚
本家のアイデアがAIの生成した作品の基礎として使われる場合の方針が不
十分だと組合が訴えている [7]．なお，このストライキ中に配信されたマー
ベルの新シリーズ『シークレット・インベージョン』のオープニング映像
をAIが生成したことが発覚し，大きな批判を受けた．

　脚本家や俳優の権利を守るために，脚本家のアイデアや俳優の肖像権を
生成AIで利用する場合の規制やガイドラインが必要である．

・デジタルツイン

　ドイツの学術都市エルランゲン (Erlangen) を拠点とするテクノロジー都
市の建設で，シーメンス社はエルランゲンにある電子部品製造施設をサイ
バー空間にデジタルツインとして再現している [8]．このデジタルツイン上
でシミュレーションを繰り返し，最適化された製造拠点の計画を進めてい
る．また，シーメンス社はエルランゲン市政府と協力してグリーンエネル
ギーの供給，貯蔵，インフラを強化する計画である．このように，デジタル
化によるG7：エネルギー分野の活動支援が始まっている．

　このように技術が有効活用される一方で，デジタルツインに対する情報
倫理の課題として，デジタルツインで可視化される労働者の不当な監視や
住居におけるエネルギー消費量の可視化による住民のプライバシー侵害な

どがある.

・プラットフォーム

ゲームエンジンを開発するUnity社はサステナビリティプラットフォームを提供しており[9]，Unityがより持続可能な世界を創造し，育成し，伝達するためのプラットフォームになるというビジョンを掲げている．ゲームエンジンが持続可能な世界を可視化するプラットフォームになった場合，情報倫理の課題として，誰と誰がいつどこで会合したかということが明示されるのではないかというプライバシー問題がある．また，ゲームエンジンが社会の持続可能性を示すということは，逆に，持続可能性を阻害する部分を映し出すという面もある．それによって，社会の持続可能性の格差を深めてしまうのではないかという倫理面での懸念がある．果たして，すべてを可視化することが良いことなのかという判断が求められる.

7.2.2 日本の省庁におけるSDGs

・環境省

環境省によるSDGs活用ガイド[10]では，① 意思決定，② 着手，③ 具体化と実施，④ 実施状況評価，⑤ 見直しからなる，企業が情報技術を用いて社会課題を解決する手順を示している.

まず，意思決定段階でSDGsへの情報技術の取り組みについて話し合い，考え方を共有する．具体的には，企業理念の再確認と将来ビジョンの共有，経営者の理解を得て企業としての意思決定をし，担当者（キーパーソン）を決めてチームを結成する．次に着手段階では自社の活動内容の棚卸を行い，SDGsと紐付けた説明を検討する．具体化実施段階では，情報技術を用いてどのような課題解決に取り組むか検討し，取り組みの目的，内容，ゴール，担当部署を決定する．状況評価段階では，取り組みの実施状況を評価するとともに評価レポートを作成する．最後に，見直し段階として評価結果を受けて，次の取り組みを展開する.

また，このSDGs活用ガイドでは以下に示す「農事組合法人One」の農福連携システムを紹介している[10]．なお，農福連携とは障がい者等が農

業分野で活躍することを通じて自信や生きがいをもって社会参画を実現していく取り組みのことである [11].

【問題状況】

農業では収穫等の繁忙期における人手不足などの問題がある．一方で福祉においては，障がい者の就業機会の創出できず収入増が見込めない状況であった．

【提供価値】

持続可能な農業を地域の機能として確立するとともに，情報技術の活用による生産性の向上と完全週休二日制により，働き方改革を実現している．また障がい者への就業機会を提供している．

【業務プロセス】

障がい者就労支援施設との連携によって，県内の農業法人に先駆けて農作業を障がい者がサポートする取り組みを開始．障がい者の安全性を確保し，障がい者の能力を活かすとともに現場担当者がマネジメントする仕組みを構築している．

【デジタル技術】

トヨタ自動車が開発した農業管理システム「豊作計画」を導入し，作業時間や農機具の稼働状況の「見える化」を実現している．また，気象や土中環境のモニタリングシステム，水田の自動水管理ツールを導入して作業の無駄削減につなげ，売り上げ向上と労働時間の短縮を実現している．

【環境への配慮】

収穫時等に発生する廃棄物の堆肥化を進め，肥料の地域内循環につなげる環境改善型農業を実践している．またプラスチックコーティング肥料の使用による海洋プラスチック問題に対応する必要がある．

この農福連携システム事例における倫理課題は何かを考える．農福連携システムの要素は，① 作業時間や農機具の稼働状況の「見える化」，② 気象や土中環境のモニタリングシステム，③ 水田の自動水管理ツール，④ 作業の無駄削減と労働時間の短縮である．したがってこのシステムでは，作業モニタ，機具センサ，環境センサ，水田センサ，給水設備，作業管理などの端末設備と接続するネットワークとサーバが必要になる．これらの情報

技術に関する倫理リスクには，プライバシー，セキュリティ，エネルギー効率，データの公平・公正性，透明性，説明責任などがある．

・経済産業省

経済産業省では，サステナビリティ・トランスフォーメーション (SX) を実現するために価値創造ストーリーを協創する必要があるため，価値協創ガイダンス2.0を提案している [12]．

価値協創ガイダンス2.0は，企業と投資家をつなぐ「共通言語」であり，企業（企業経営者）にとっては投資家に伝えるべき情報（経営理念やビジネスモデル，戦略，ガバナンス等）を体系的・統合的に整理し，情報開示や投資家との対話の質を向上するための手引きである．

価値協創ガイダンスは，① 価値観の明確化，② 長期戦略の策定，③ 実行戦略の策定，④ 重要成果指標 (KPI) による成果の達成度評価，⑤ ガバナンスからなる．まず，価値観観の明確化に基づく長期戦略の策定では，社会の長期的なサステナビリティを展望して企業のサステナビリティと同期させることが求められる．このため，長期戦略では長期ビジョン，ビジネスモデル，リスクと機会を識別する．実行戦略では，SDGsを企業戦略に取込みバリューチェーンにおける影響を評価する．また，これとともにDXを推進することでイノベーションを実現するために，組織的プロセスを確立することなどが求められる．また，成果の達成度評価では，KPIによる価値創造設計に基づいて実行戦略の進捗を評価し企業価値創造の達成度を評価する．さらにガバナンスでは，経営層・取締役会の役割・機能分担や戦略的意思決定などを監督・評価する．

投資家との対話では，対話原則に基づく実質的対話とその後のアクションによりエンゲージメントを深め，価値創造ストーリーを洗練するとしている．

また，デジタルガバナンス・コード3.0 [13] では, Digital Transformation (DX) と Sustainability transformation (SX) / Green transformation (GX) との関係性を記載するとともに，DX推進指標を紐づけている．SXでは，企業の持続可能性のためにSDGsに着目してデジタル技術を活用して新たな事業に取り組む必要がある．GXはより直接的に，G7「エネルギー

をみんなにそしてクリーンに」に対応している.

7.2.3　企業におけるSDGs

・SDG Compass

　SDGsの企業行動指針として，SDG Compass [14]がある．SDG Compassでは，企業の事業にSDGsがもたらす影響を解説しており，持続可能性を企業戦略の中心に据えるためのツールと知識を提供する．SDG Compassの前提は，すべての企業が関連する法令を順守し，国際標準を尊重するとともに，優先課題として基本的人権の侵害に対処する責任を認識していることである.

　このため，SDG Compassは企業がSDGsを経営戦略に取り入れてSDGsに最大限貢献できるように，① SDGsを理解する，② 優先課題を決定する，③ 目標を設定する，④ 経営へ統合する，⑤ 報告とコミュニケーションを行う，からなる5手順を提示している.

　まず，① SDGsを理解するでは，企業がSDGsを利用する根拠と企業の基本的責任を明らかにする．次いで，② 優先課題を決定するでは，バリューチェーンの影響領域を特定し，指標選択・データ収集により優先課題を決定する．③ 目標を設定するでは，KPIを選択し，ベースライン設定・目標タイプを選択して意欲度を設定するとともに，SDGsへのコミットメントを公表する．④ 経営へ統合するでは，持続可能な目標を企業に定着させて全部門に持続可能性を組み込み，さらに社外とのパートナーシップに取り組むことも推奨される．最後に，⑤ 報告とコミュニケーションを行うでは，効果的な報告とSDGs達成度についてコミュニケーションすることが求められる.

・デューデリジェンス(DD)

　SDGsでは，製品開発の上流で何が起こっているのかを明らかにする必要がある．すなわち，誰が作ったのか，公正な取引なのか，作った人が適切な報酬を得ているか，などを確認するデューデリジェンス(Due Diligence (DD))が必要である．デューデリジェンスの語源は，「正当の／当然の」を

意味するDueと「努力／勤勉」を意味するDiligenceである．デューデリジェンスは，M&Aや投資の際に対象となる会社や事業の価値やリスクを調査するために使われる．

　製品や材料を調達するデューデリジェンスの方法は，情報収集，リスク評価，高リスク項目の詳細調査からなる．まず文献調査や定性情報を収集する．次いで認証の有無，有効性や原産国の政治状況を評価し，低リスクであれば調達可として終了する．もし低リスクでなければ高リスク項目の詳細調査を実施し，リスクを排除できれば，再度リスク評価する．もし詳細調査でリスクを排除できなければ，調達不可として調査を終了する．

　また，企業がサプライチェーンも含めた事業活動において，人権侵害リスクを特定，管理し，予防や軽減策を実施する人権デューデリジェンスが必要である．例えばラルフローレンでは，QRコードを用いてどういう素材を使い，どういう所で作られたかが分かる衣服を販売することによって，人権デューデリジェンスを見える化している．

・楽天グループの企業倫理
　インターネット関連サービスを中心に展開する楽天グループでは，価値観・行動指針を楽天主義として，楽天グループ企業倫理憲章Rakuten Group Regulations，RGRを策定している[15]．RGRでは，法令順守，労働慣行，情報セキュリティ，品質管理，サステナビリティなどさまざまな分野をカバーするガイドラインがある．また，楽天グループ全体で，RGRの一部である楽天グループ企業倫理憲章の順守状況を確認する監査を実施している．

　また楽天では，事業継続性には倫理が必須であるとして，以下のテーマで従業員教育を実施している．
　・贈収賄防止，反社会的勢力への対応
　・インサイダー取引防止，不正競争防止法順守，景品表示法順守，知的財産権侵害防止，下請法順守
　・情報セキュリティ，プライバシー保護，データガバナンス
　・内部通報窓口，ハラスメント防止
　・労務管理

・サステナビリティ

　他にも，楽天で働く優秀な従業員をグローバルに表彰する表彰制度である「楽天賞」のカテゴリに「品性高潔 - Behave Ethically: Integrity」がある．法令を順守し，いかなる状況においても誠実に業務を行う従業員を表彰している．

・エシカル消費

　G12「つくる責任・つかう責任」と関係する言葉に「エシカル消費」がある．消費者庁はエシカル消費の普及啓発活動を推進している [16]．

定義　エシカル(Ethical)消費

　消費者それぞれが各自にとっての社会的課題の解決を考慮したり，そうした課題に取り組む事業者を応援したりしながら消費活動を行うこと．

　例えば，2021 年に自動車メーカーのボルボは，新型の電気自動車から今後すべての電気自動車で本革を使用しないと宣言した [17]．先進的な自動車メーカーとして動物福祉にも取り組むことで，エシカル消費に関心のある消費者や，ESG（環境・社会・ガバナンス）分野に注目する投資家から評価を得ることができる可能性がある．

7.3　ELSI と情報倫理

　科学技術の発展に伴って生じる倫理的・法制度的・社会的な課題が Ethical, Legal and Social Issues/Implications (ELSI) である．情報倫理では，情報技術の発展に伴って生じる倫理的な問題を解決する上で ELSI が重要である．

定義　ELSI (Ethical, Legal, and Social Issues)
倫理的な問題，法的な問題，そして社会的な問題．

　情報技術は他の技術と根本的に異なる速度で進むだけでなく，他の技術の発展にも大きな影響を与える．情報技術がELSIを考えないまま広がっていくと，短期間に多くの技術に影響を与えて広がることになる．したがって，情報技術の開発では社会で実用に供される前にELSIを考える必要がある．ELSIの課題への対応では，リスクマネジメントや安全性の保証手法を適用できる．本節ではELSIの例を紹介する．

7.3.1　ジレンマ

　「どちらか片方を選ぶともう片方を選べない」という「二律背反」と呼ばれる概念に，ジレンマとトレードオフがある [18]．「ジレンマ」は「嫌なこと（拒否したいこと）が2つ」あって，そのうちどちらか一つを受け入れなければいけない状況である．これに対して「トレードオフ」は「いいことが2つ」あって，そのうち一方しか受け取れない状況である．

＜例　法と善意のジレンマ＞
　法を守ろうとすると，目の前の人命を危険にさらしたり，財産の遺失を招いたりすることがある．

定義　偽ジレンマ
　一見するとジレンマに見えるが実はジレンマではないような，二律背反行為．

　ジレンマに見える偽ジレンマがあるので注意が必要である．例えば，約束を破る行為なのか，相手が嫌がることなのか，違法行為ではないか，環境に悪いのか，安全なのかなどについて確認することが重要である．なお，他人のためになる行為には利他性があるが，利他性がない行為は当人が受

ける利益の大小に影響するので，本質的なジレンマではない．

　また，取り消すことができる行為，すなわち可逆的行為の場合，実行してみて良くない影響があれば元に戻すことができる．一方，非可逆的行為は取り消すことができないため，慎重な判断が求められる．

　Schinzinger ら [19] はジレンマを解消する方法を示している．

(手順1)　道徳上の要因や理由を明確化する

(手順2)　道徳上の問題要因についての事実を収集する

(手順3)　状況に応じた道徳上の考慮点を優先順序付ける

(手順4)　ジレンマの解決策を列挙する

(手順5)　ジレンマについて，他者と議論する

(手順6)　事実に基づく道徳上の要因を考慮して，解決策を判断する

　この手順では，手順4のジレンマの解決策を列挙する前段階で，道徳上の問題要因や考慮点を優先順序付けている．したがって，ジレンマを直接比較して解決するのではなく，ジレンマを取り巻く道徳的な問題状況を整理しておくことが重要であることが分かる．

　ここでのジレンマの解決は，2つの嫌なことを比較して，より悪くない方を選択することである．手順5で他者と議論することの意味は，より悪くないことについて合意するためである．しかし，適切な他者の範囲をどうするかについてはこの手順では保留されていることを指摘しておく．また，手順3の優先順序付けの妥当性基準を明示する必要がある．したがって，ジレンマを解消する場合にはこのような点に注意する必要がある．

7.3.2　功利主義

定義　功利主義(utilitarianism)

　最大多数の人々に最大幸福をもたらすことを理想とする倫理．社会を組織している各個人はすべて1人として計算されるべく，何人も1人以上に計算されるべきではない，という考えに基づく．数値で比較することで「良い結果」を得ようとする考え方．

　一見万能に思える功利主義が万能でないことを示す問題に，「トロッコ問

題」がある [20].

＜例　トロッコ問題＞

　あなたは，どちらかの線路を選ぶポイントを操作する．ポイントの先の片方には 2 人が寝かされていて，もう片方には 5 人が寝かされている．

　トロッコがやってきた．トロッコが向かった先の人は，トロッコにひかれて死ぬだろう．

　あなたは，どちらを選ぶか？

　数字の大小で判断しようとする功利主義では，2 人と 5 人とで犠牲が少ない 2 人が寝ている方にポイントを切り替えることになる．この功利主義的判断が倫理的であると言えるのかというわけである．つまり，トロッコ問題は，功利主義が万能ではないことを示す反例になっている．

　トロッコ問題に対しては，なぜトロッコにブレーキがないのかというシステムとしての安全性が無視されていることが問題だという指摘がある [21].トロッコが向かう先に人が寝ているのが見えれば，ブレーキをかけないわけがない．トロッコ問題があまりにも恣意的な状況を設定していて，現実的ではないという指摘である．トロッコ問題はあくまで思考問題であるが，現実的に考えればそもそもブレーキが利かないような危険なトロッコを運転すべきではないことは明らかである．

7.3.3　フリーライダー

定義　フリーライダー

　集団の利益に "タダ乗り" する人．メンバー同士の貢献によって成果を生み出す集団で，自分は何も貢献せず他のメンバーに貢献させておいて，成果の恩恵にはあずかる人．

以下に示すとおり，どんな組織にもフリーライダーがいる．

・大学のグループ実習で自分は何も貢献せず他のメンバーに実習させておいて，単位を取得する学生

・会社から給与を得ているのに何も仕事をしない社員

・部下の成果を横取りする上司

フリーライダーは他人にタダ乗りすることで，周囲に迷惑をかけていないつもりでも，タダ乗りされた側には不公平感がたまるので組織に悪影響を与える．フリーライダーは自己中心的で身勝手な行為者である．そもそも，チームで作業する場合は互いに役割を分担しながら協働することが専門職の義務であるから，与えられた役割を果たさず協働しない行為は倫理的ではない．

7.3.4　SDGs ウォッシュ

SDGs への取り組みを行っているように見えて，その実態が伴っていないビジネスを揶揄する言葉として「SDGs ウォッシュ」がある [22]．

定義　SDGs ウォッシュ

SDGs への取り組みを行っているように見えて，実態が伴っていない企業のビジネス活動．「SDGs」と「whitewash（ごまかす，うわべを取り繕う）」を組み合わせた造語．

<例　CO_2 削減と火力発電>

2019 年，みずほ銀行は主要グループ会社全体の CO_2 削減を環境方針として策定した一方で，同年に石炭産業への融資額が世界トップとなった．日本では SDGs に貢献するとしながら CO_2 を多く排出する石炭産業へ巨額の融資を行ったみずほ銀行の姿勢は，SDGs ウォッシュだと非難された．

SDGs ウォッシュが発生する理由は，供給網の管理不足，コミュニケーション不足，企業理念や事業への落とし込み不足などである．

・供給網の管理不足：顧客の目に直接届かない製造段階で SDGs ウォッシュが発生している例が非常に多い．

・コミュニケーション不足：企業の SDGs の取り組みでは，社内コミュニケーションが不十分だと従業員は自身の業務と関係があるように思え

ない活動に取り組む理由を理解できず，積極的に活動しない．

・企業理念や事業への落とし込み不足：SDGsの取り組みの成果が具体的に出ていないと表面的な取り組みだと判断され，逆にステークホルダーから非難される．

7.4 今後の展望

・人間中心主義と非人間中心主義

SDGsの根底にある論点として，自然そのものがもつ環境的価値を「本質的価値」とするかどうかということに対する人間中心主義と非人間中心主義の対立がある [23].

情報技術は手段であるから，人間中心主義的情報技術と非人間中心主義的情報技術が考えられる．SDGsを実現するために使用される情報技術は非人間中心主義的情報技術でなければならない．なぜなら，SDGsは環境の持続性を目指す非人間中心主義の立場だからである．非人間中心主義のSDGsで人間中心主義的情報技術を使用することは矛盾する．したがって，SDGsのために使用する情報技術が非人間中心主義の原則を満たすことを確認する必要がある．また，SDGsのために開発する情報技術は非人間中心主義の原則に準拠する必要がある．

人間中心主義と非人間中心主義の対立を表7.3で整理する．

表7.3　人間中心主義と非人間中心主義

人間中心主義	非人間中心主義
自然には，道具的価値しかない	自然には，本質的価値がある
人間は，自然の支配者である	人間は，自然の支配者ではない
人間には，特権的地位がある	人間には，特権的地位はない
人間の利益だけを配慮すべきだ	人間以外の利益を配慮すべきだ
人間が自然を自由に利用してよい	人間が自然を自由に利用してよいわけではない

人間中心主義と非人間中心主義の対立は，環境保護運動におけるディープエコロジー(Deep ecology)とシャローエコロジー(Shallow ecology)

の対立にも見られる [24]．従来の環境保護運動であるシャローエコロジーでは環境保護は人間の利益のためでもあるとされていたが，ディープエコロジーでは環境保護それ自体が目的であり，人間の利益は結果にすぎない．

定義　ディープエコロジー

　すべての生命存在は，人間と同等の価値をもつため人間が生命の固有価値を侵害することは許されない．

定義　シャローエコロジー

　先進国の人々の健康と繁栄が主目的．環境保護は人間の利益のためにある．

・持続可能な発展の3条件

　Harman Daly が提起した持続可能な発展の3条件がある．

　（条件1）再生可能な資源の持続可能な利用速度は再生可能速度を越えてはならない

　（条件2）再生不可能な資源の持続可能な利用速度は，再生可能な資源を持続可能なペースで代用できる限度を超えてはならない

　（条件3）汚染物質の持続可能な排出速度は，環境が汚染物質を循環し吸収し無害化できる速度を越えてはならない

　条件1の対象には土壌，水，森林，魚などがある．条件2の対象には化石燃料，鉱石，化石水などがある．条件3の対象には下水を川や湖に流す場合などがある．

　情報技術を使用することで環境資源が必要となり，環境負荷が発生することからも，持続可能な発展条件を破るような情報技術の開発・利用は避けるべきである．

・ビジョン 2050

　小宮山宏 [25] が1999年に「ビジョン 2050」で完全循環型社会を提案している．完全循環型社会の実現には，エネルギー利用効率3倍向上，物質

循環システムの構築，自然エネルギー利用量の2倍化が必要になる．

エネルギー利用効率3倍向上のためには，輸送家庭・職場・製造現場でエネルギー消費量を削減する必要がある．物質循環システムの構築では，人工物の生産量と廃棄量が一致する「人工物の飽和」状態において天然資源の採取を不要化するリサイクルシステムを実現する必要がある．自然エネルギー利用量の2倍化では，水力，バイオマス，太陽電池，風力，地熱などの自然エネルギー開発を推進する必要がある．

小宮山による完全循環型社会はSDGsの2030年の目標を先取りしているだけでなく，2050年という，さらに20年後を見据えたビジョンを提示している．

完全循環型社会の実現には，エネルギー利用効率，エネルギー消費量をあらゆる現場で可視化する必要がある．そのためには情報技術の活用が必要である．また，人工物の生産量や排気量を正確に把握するために，人手で計測するのは非効率であるだけでなく到底不可能である．適切な行動規範に基づく情報技術の開発と活用が必要である．したがって，完全循環型社会の実現には情報技術の活用が不可欠である．

参考文献

[1] 外務省「SDGsとは？」
https://www.mofa.go.jp/mofaj/gaiko/oda/sdgs/about/index.html（2025年2月5日参照）

[2] 蟹江憲史：折り返し点を迎えたSDGsと求められる変革，『技術と経済』，No.667, pp.1-12 (2023).

[3] 名古屋国際工科専門職大学「学位授与方針」
https://www.iput.ac.jp/nagoya/about/public_publication/（2025年2月5日参照）

[4] 首相官邸「持続可能な開発目標(SDGs)推進本部」
https://www.kantei.go.jp/jp/singi/sdgs/index.html（2025年2月5日参照）

[5] Forbes JAPAN編集部「評価額73億ドルの「スケールAI」世界最年少富豪が目指す未来とは」Forbes JAPAN, 2023.7.23
https://forbesjapan.com/articles/detail/64727（2025年2月5日参照）

[6] J H. Moor, What is Computer Ethics?, 1985
https://web.cs.ucdavis.edu/~rogaway/classes/188/spring06/papers/moor.html（2025年2月5日参照）

[7] 「ハリウッドの脚本家と俳優のストライキが終結—AIの利用制限などに合意」労

働政策研究・研修機構，2023.11
https://www.jil.go.jp/foreign/jihou/2023/11/usa_02.html（2025年2月5日参照）

[8]　「独シーメンス、産業用メタバース分野に20億ユーロを投資。デジタルツインを活用した製造拠点新設も」MoguraVR News, 2023.7.21
https://www.moguravr.com/siemens-metaverse-utilization/（2025年2月5日参照）

[9]　Unity
https://unity.com/esg-environment（2025年2月5日参照）

[10]　環境省「すべての企業が持続的に発展するために－持続可能な開発目標(SDGs)活用ガイド－[第2版]」2020.3
https://www.env.go.jp/policy/sdgs/guides/SDGsguide-honpen_ver2.pdf（2025年2月5日参照）

[11]　農林水産省「農福連携の推進」
https://www.maff.go.jp/j/nousin/kouryu/noufuku/index.html（2025年2月5日参照）

[12]　経済産業省「企業と投資家の対話のための「価値協創ガイダンス2.0」（価値協創のための統合的開示・対話ガイダンス2.0－サステナビリティ・トランスフォーメーション(SX)実現のための価値創造ストーリーの協創－）」
https://www.meti.go.jp/policy/economy/keiei_innovation/kigyoukaikei/ESGguidance.html（2025年2月5日参照）

[13]　経済産業省「デジタルガバナンス・コード」
https://www.meti.go.jp/policy/it_policy/investment/dgc/dgc.html（2025年2月5日参照）

[14]　IKUSA「SDGコンパスとは？SDGs導入の5つのステップをやさしく解説」
https://sdgs-compass.jp/column/146（2025年2月5日参照）

[15]　楽天「コンプライアンス」
https://corp.rakuten.co.jp/sustainability/compliance/（2025年2月5日参照）

[16]　消費者庁「エシカル消費普及・啓発活動」
https://www.caa.go.jp/policies/policy/consumer_education/public_awareness/ethical/（2025年2月5日参照）

[17]　VOLVO「ボルボ・カーズ、動物福祉の一環として、すべての電気自動車でレザーフリーを推進」2021.9.24
https://jp.volvocars.com/pressrelease/2021-09-24-2/（2025年2月5日参照）

[18]　辰己丈夫：電子情報通信技術をめぐる「ジレンマの認識とELSI」を学ぶ，『電子情報通信学会誌』，Vol.106, No.3, pp.189-193 (2023).

[19]　Roland Schinzinger, Mike Martin, Introduction to Engineering Ethics, 西原英晃訳：『工学倫理入門』，丸善(2002).

[20]　Foot, P., The Problem of Abortion and the Doctrine of Double Effect.*Oxford Review*, 5:5-15 (1967).

[21]　Marc Steen, The Problem with the Trolley Problem and the Need for Systems Thinking,*CACM*, Vol.67, No.8, pp.30-32 (2024).

[22] 「《徹底解説》SDGsウォッシュとは？3つの事例や気をつけるべきポイントを紹介」SDGs CONNECT, 2022.4.4
https://sdgs-connect.com/archives/5524（2025年2月5日参照）

[23] 大石敏広：『技術者倫理の現在』，勁草書房 (2011).

[24] 森岡正博：ディープエコロジー派の環境哲学・環境倫理学の射程，『化学基礎論研究』，Vol.21, No.2, pp.27-32 (1993).

[25] 小宮山宏：『地球持続の技術』，岩波新書 (1999).

第8章
ソフトウェア開発と倫理

8.1 ソフトウェア開発における倫理の必要性

　ソフトウェア開発も行為であるから，道徳，倫理，法令に従う必要がある．すなわち，道徳的なソフトウェア開発では，正しいソフトウェアを正しく開発することが求められる（表8.1 第1行）．「正しいソフトウェア」とは顧客が求めるソフトウェアである．顧客が求めていないソフトウェアを開発しても，正しいソフトウェアを開発したとは言えない．また，納期までに予算内で求められる品質のソフトウェアを開発することが「ソフトウェアを正しく開発する」ことである．

　正しいソフトウェアを正しく開発するというのは理念であって，具体的な行動原則ではない．このため，倫理的なソフトウェア開発では，倫理綱領や開発生産物標準，開発プロセス標準など明文化された行動規範に基づく開発作業を実施する．さらに，法令を順守するソフトウェア開発作業を遂行する上では，開発契約書，プロジェクト管理義務，協力義務，損害賠償請求，契約解除などの法令を順守する必要がある．法令に違反した開発作業を行った場合，損害賠償請求や契約解除などの裁判になる可能性がある．

表8.1　ソフトウェア開発の道徳，倫理，法令順守

	説明	例
道徳 Morality	宗教原則を含む理念	正しいソフトウェアを正しく開発
倫理 Ethics	行動原則 明文化された行動様式 自律的に行動	倫理綱領 開発生産物標準，開発プロセス標準
法令順守 Compliance	法治国家の一員としての義務 他律的に強制	開発契約書，プロジェクト管理義務 協力義務，損害賠償請求，契約解除

　図8.1にソフトウェア開発の関係者と倫理綱領ならびに司法制度の関係をまとめる．

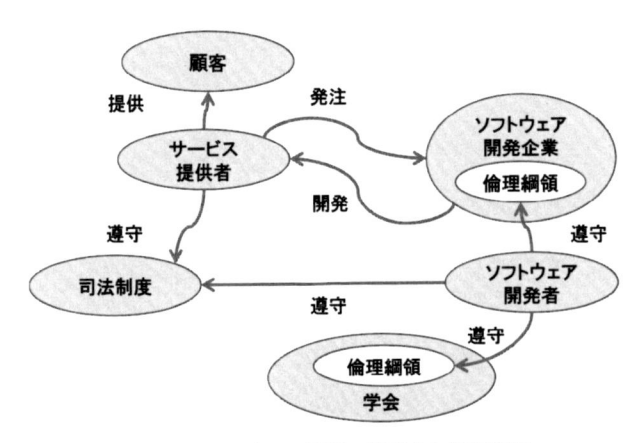

図8.1 ソフトウェア開発の関係者と倫理綱領

　また，情報システムでは利用者情報を扱う必要があるから，情報倫理面での配慮が不可欠である．例えば，ソフトウェアの設計段階から許可を得ない個人情報の収集を行わない，収集した個人情報を漏洩しない，といったことを徹底する必要がある．

　さらに，開発が中断したり運用中に障害が発生したりしてシステム開発が失敗すると，損害賠償請求のための裁判が発生する．

　以降ではまず，8.2節でソフトウェア開発の倫理綱領の事例を紹介する．次に，8.3節でソフトウェアの品質が情報技術倫理の重要な課題であることをソフトウェア障害の事例で解説する．さらに，8.4節ではソフトウェア開発過程で信頼性やセキュリティ，安全性などの品質特性を保証する方法とそれに基づく説明責任の遂行方法を説明する．

8.2　ソフトウェア開発の倫理綱領

　ソフトウェア開発者に対する代表的な倫理綱領として，米国ACMとIEEE/CSによるSoftware Engineering Code [1] を説明する．この倫理綱領によれば，ソフトウェア開発者はソフトウェアの分析，仕様決定，設計，開発，テスト，メンテナンスを有益で尊敬に値する専門職の仕事とす

るよう最大限の努力を投じなければならないとして，社会の人々の健康，安全，福利に対する責務に従い，順守すべき8原則を提示している [2].

> **1　公共性**－ソフトウェア・エンジニアは公共の利益と調和するよう行動すべきである。
>
> **2　顧客ならびに雇用者**－ソフトウェア・エンジニアは，公共の利益と調和しながら，顧客と雇用者の最高の利益を実現するよう行動すべきである。
>
> **3　製品**－ソフトウェア・エンジニアは，その製品と，製品に関する変更が，専門家として可能な限り最高の基準に合致していることを確保すべきである。
>
> **4　判断**－ソフトウェア・エンジニアは専門家としての判断において誠実さと独立性を維持すべきである。
>
> **5　管理**－ソフトウェア・エンジニアリングの管理者とリーダーは，ソフトウェア開発の管理ならびにソフトウェア・メンテナンスの管理に対する倫理的アプローチに賛同し，それを推し進めるべきである。
>
> **6　専門職**－ソフトウェア・エンジニアは公共の利益と調和するよう，その専門職の倫理性と評判を高めていくべきである。
>
> **7　職業上の同僚**－ソフトウェア・エンジニアは他のソフトウェア・エンジニアに対して公正で協力的であるべきである。
>
> **8　自己の向上**－ソフトウェア・エンジニアは自己の専門職実務に関する生涯続く学習に参加し，かつその専門職実務に対する倫理的アプローチを推し進めるべきである。

ACMとIEEEによるこの倫理綱領のうち，「1　公共性」原則，「3　製品」原則ではソフトウェア品質について具体的に述べている [2].

ACM/IEEE倫理綱領の「1　公共性」原則の第3項では，「ソフトウェアが安全で，仕様を満たし，適切なテストをパスし，かつ生活の質（QOL）の低下，プライバシーの侵害，あるいは環境への危害をもたらさないということを，十分な根拠に基づいて確信している場合に限り，そのソフトウェアを承認する」としている．また，同原則第4項では，「ソフトウェア・エ

ンジニアの理にかなった賢明な判断においてソフトウェアあるいはその関連の文書に関係すると考えられる，ユーザー，社会の人々，環境に対して現実にまたは潜在的に存在するあらゆる危険性を，適切な者あるいは権限を有する者・組織に対して公表する」としている．

ACM/IEEE倫理綱領の「3 製品」原則の第3項では，「作業プロジェクトに関連する倫理的，経済的，文化的，法的問題点，さらには環境に関わる問題点について，それがどのようなものであるかを確認し，定義し，取り組む」としている．また，同原則第10項では「自らが携わっているソフトウェアとそれに関連する文書に対する適切なテスト，デバッグ，検査を確実に行う」としている．

このように，この綱領は単に問題のある行為がどのようなものであるかを定義するだけではなく，ソフトウェア開発者のあるべき姿を示すという重要な教育的な意義がある．また，この綱領は，ACMとIEEEという世界的なコンピュータ関連学会におけるソフトウェア開発の専門職による倫理的な問題に関する一致した見解を示している．したがって，この倫理綱領を理解することによって，ソフトウェア開発者に課せられた倫理的義務について知ることができる．

例えば，ソフトウェア開発者はソフトウェア・システムの開発行為の中で，以下に示す重大な倫理的判断機会に直面する．

・社会の人々に対してよいことをするのか，あるいは害をもたらすのか
・他者がよいことをするのを可能にするのか，害をもたらすことを可能にするのか
・他者がよいことをするよう影響を与えるのか，害をもたらすよう影響を与えるのか

これらの判断機会に直面した際に，上述した倫理綱領を役立てることができる．

8.3　システム開発失敗事例

　2006年12月から2007年10月の期間で社会的に問題とされマスコミが取り上げた重要インフラ障害事例85件の原因の内訳は，開発21 %，保守39 %，運用40 %であると経済産業省が報告している [3]．インフラ障害の原因の一つに，当初のバグを修正する保守工程で新たなバグが混入すること（デグレード）がある．ソフトウェアのバグを完全になくすことができない以上，デグレードを防ぐこともできない．このデグレードに起因するみずほ証券-東証裁判の事例を紹介する．

●事例　みずほ証券-東証裁判 [4, 5]

2000年2月　東証は運用テストでの不具合を修正するため，株式売買システムのプログラムコードを3カ所修正した．このとき，ある条件下で取引注文の取り消しができなくなるバグが混入した．これがデグレードである．

2005年　みずほ証券にて，新規上場株を「61万円で1株」の売り注文を出すべきところで「1円で61万株」の売り注文と誤入力してしまった．誤入力に気づいたみずほ証券がこの売り注文の取り消し処理を依頼したが，混入していたバグのため株式売買システムはこの取り消し処理を受け付けなかった．この結果，みずほ証券は多大の損失を出した．

2006年10月　みずほ証券が東証に対して約415億円の損害賠償請求を求めて裁判を起こした．

2015年9月　控訴審判決が最高裁で確定した．このみずほ証券と東証の裁判では，「取引が成立した株式数が発行済株式数の3倍を超えるまでに，東証は売買の停止を決定すべきだったとして，売買を停止しなかったことは東証の重過失に当たる」との判決が確定した．

　なおこの裁判では，ある条件で発注の取り消しができなくなる株式売買システムのバグについて「バグに対するソフトウェア専門家の意見は相反しており，バグが容易に発見・回避できたと判断することはできず，重過失とは認められない」として，バグによる東証の賠償責任はないとの判断

を示した.

ここで，バグに対するソフトウェア専門家の相反する意見とは次の2つである.

（意見1）株式売買システムのような社会基盤システムにバグがあってはならないのだから，東証が運用テスト段階ですべてのバグを摘出して改修すべきである.

（意見2）株式売買システムのような社会基盤システムであっても，ソフトウェアである以上，東証が運用テスト段階でバグを完全に摘出して改修することはできない.

「ある条件で発注の取り消しができなくなる」ことに気づくためには，「ある条件」をテスト段階で確認する必要がある．株式売買システムのような大規模で複雑なソフトウェアの場合，相当な労力をかけてテストしても，どんな不都合な条件が発生するかを事前に洗い出して確認することは難しいことが，このシステム障害事例から分かる.

この裁判では，ソフトウェア専門家として日本のソフトウェア工学分野の研究者がみずほ証券側と東証側に分かれて，それぞれの意見書を提出する事態になった.

このような裁判における意見書を作成する場合，どちらの立場で意見書を作成するかという判断が必要である．意見書に何を書くことが善なのか，何を書かないことが善なのかを判断することがソフトウェア専門家に求められている.

● 事例　特許庁基幹システムの開発断念 [6]

2004年　政府が打ち出した「業務・システム最適化計画」に沿って，特許庁が特許審査や原本保管などの業務を支援する基幹系システムの全面刷新を計画した．予算170億円に対して，東芝ソリューションが約99億円で落札した.

2010年6月　東芝ソリューションが特許庁職員にタクシー券などの利益供与をしたことが判明して特許庁の職員が逮捕された．また，特許庁の職員が念のため入札前の情報を東芝ソリューションに提供していた事実が発覚した.

2011年1月完成予定の納期が遅延し2014年1月に延長したが，2012年1月に開発を断念する結果になった．

　開発を断念した理由は以下のとおりである．
・特許庁の管理体制が不十分で対応が後手に回った
・特許庁から，業務の全面刷新ではなく現行業務の延長でシステム開発してほしいなど追加条件が多発した
・特許庁システム担当者，東芝ソリューション社の開発担当者は混乱し，設計が定められない状態が続いたため，位置づけの不明確な複数の会議を設置した
・特許庁，東芝ソリューション社，下請け会社とのコミュニケーションがとれなかった

●事例　消えたプッチンプリン [7, 8]
　2024年4月に，店頭からグリコのプッチンプリンが消えた．グリコの報道発表によれば，プッチンプリンなどの商品が出荷停止になった理由は，物流センターでの出荷データ不整合等が発生したことにより想定受注に対してシステムの処理が間に合わなくなったためである．

　障害が発生した新基幹システムは総投資額340億円で，意欲的な巨大プロジェクトだった．新基幹システムの狙いは，社内プロセスをシステム上で連携することにより人による調整を削減し，顧客から研究開発・調達までデータと業務を紐付け，全社レベルでデータを可視化し，課題発見や経営判断迅速化することだった．

　ITシステムが失敗しがちな理由として，Jacksonは「技術的な能力と効率性に過度の重点が置かれ，ITシステムを使わなければならない人々に関する問題やITシステムが関連するより幅広い組織的な問題にあまり注意を払っていなかったからである」と指摘している [9]．また，システム思考は「人間や人間の信念，価値観と利害といったものに多くの関心を注ぐとともに，技術と組織の構造と戦略との関連をも視野に入れている」から，情報システム開発に取り入れる必要があると述べている [9]．

　重要インフラは社会的・経済的な影響が大きいことから，バグがあって

はならないと主張する人々がいる．しかし，ソフトウェアも人間による作業の成果物であるから，誤りの混入や失敗を完全に防ぐことは難しい．したがって，ソフトウェア開発の過程で開発者がよりよい行為や判断をしたかどうかが，成果物であるソフトウェアや開発・保守・運用工程の文書に対して求められる．

8.4 品質保証手法

システム障害が発生したとき，計画した検証確認を実施していたのか，それともしていなかったのかをどのようにして説明するのだろうか？ 客観的な証跡がないかぎり，システムの信頼性をいくら当事者が主張しても信用されないだろう．そこで，当事者による客観的な検証確認結果を示す証跡と，当事者以外の第三者による客観的な独立検証確認Independent Verification and Validation (IV&V) の証跡が必要である [10].

8.4.1 独立検証確認 (IV&V)

定義 検証 (Verification)
開発活動による生産物が開発活動に対する要求に適合していること.

定義 確認 (Validation)
開発されたソフトウェアが意図された利用法とユーザーニーズに適合していること.

検証では，ソフトウェアとコンポーネントがその工程の開始時点で定められた条件を満たしているかを判断する．確認では，ソフトウェアとコンポーネントが開発プロセスの完了時までにユーザーの要求を満たしているかを判断する．

検証証跡は，各活動に対する要求に適合すること，標準，実践規約，慣例を満たすこと，各活動を完了すること，後続工程の開始基準を満たすことである．ソフトウェア開発における要求定義，設計，構築，試験，保守，

運用，廃棄に至る一連の工程全体を示すライフサイクルプロセスの活動過程で，検証証跡を記録する．確認証跡はソフトウェア要求を満たすことと正しい問題を解決することである．ライフサイクル活動の完了時に確認証跡を記録する．

8.4.2　品質保証における行動原則

ソフトウェアの品質を保証する重要な行動原則について，8.2節で紹介したソフトウェア開発倫理綱領の第3原則「製品」の主な項を説明する [2]．

> 3.03.　作業プロジェクトに関連する倫理的，経済的，文化的，法的問題点，さらには環境に関わる問題点について，それがどのようなものであるかを確認し，定義し，取り組む。

第3項では，作業プロジェクト上の問題点を識別して定義する必要がある．実際には作業プロジェクトを開始する前に識別できる問題点だけではないから，作業過程で発生する問題点を発見して定義するとともに，迅速な原因究明と適切な対策のための意思決定が必要である．したがって問題解決のための行動規範を準備する必要がある．

> 3.07.　自らが携わっているソフトウェアの仕様に対する完全な理解を追求する。

第7項ではソフトウェア仕様の完全な理解を求めている．したがって，行動規範として仕様理解の完全性基準とその証跡を定義する必要がある．

> 3.08.　自らが携わっているソフトウェアの仕様が，よく文書化され，ユーザーの要求を満たし，適切な承認を受けていることを確保する。

第8項から，行動規範としてソフトウェア仕様の文書化基準，要求充足基準，承認基準とその証跡を定義する必要がある．

> 3.09.　自らが携わる，あるいは携わろうとするあらゆるプロジェクトについて，コスト，スケジューリング，必要人員，品質，成果に関する現実的な定量的推定を確実に行い，あわせてこれらの

> 推定の不確実性に関する評価を行う。

第9項に対する行動規範として，プロジェクト遂行上のコスト，品質，成果などの定量化基準とその証跡を定義する必要がある．また，プロジェクト遂行上の不確実性としてのリスク管理基準を定義し，リスクが適切に管理されていることを保証する必要がある．

> 3.10. 自らが携わっているソフトウェアとそれに関連する文書に対する適切なテスト，デバッグ，検査を確実に行う．

第10項に対する行動規範として，テスト基準，デバッグ基準，検査基準を定義するとともに，その充足性を保証する証跡を用意する必要がある．この規範を守らないと，例えば，テスト基準がないのになぜ確実にテストを実施したと言えるか，根拠を説明できない．

8.4.3 説明責任

ISO26000企業の社会的責任の7原則は，① 説明責任，② 透明性，③ 倫理的行動，④ 利害関係者の尊重，⑤ 法令順守，⑥ 国際行動規範の尊重，⑦ 人権尊重である．

定義　説明責任(Accountability)

行為について責任があること，およびそれについて満足のいく説明を提供できること (Cambridge Dictionary).

行為と責任が何であるかが明確になっていないと，説明責任を果たすことができない．また，説明責任を遂行するためには行為の事実と根拠となる証拠が必要になる．

以前，米国で日系自動車企業の「意図しない加速」が疑われて大規模リコール問題に発展したことがあった．このとき，この企業の幹部が我々の作る自動車は安全だと主張した．しかし，なぜ安全なのかについて客観的な証拠を示さなかったため，巨額の和解金を支払うことになった．自動車の製造工程で正しく作業を実施した事実を証拠として記録する必要があっ

たのである．

8.4.4　安全性ケースと保証ケース

・安全性ケース

「システムは安全である」ということを直接示すことは難しいため，「システムが危険であることはない」ことを示すことによって「システムが安全である」ことを保証することになる．このとき，「システムは安全であることはない」ことを「システムは危険である」ことで近似している．近似するのは，システムが危険であるという状態を完全に列挙することはできないからである．

このように，システムの危険性を列挙し，その対策を提示することでシステムの安全性を保証する手法が安全性ケースである．自動車の機能安全についての国際標準であるISO 26262 [11]では安全性ケースの作成を推奨している．

・GSN

安全性ケースを説明するための表記法であるGoal Structuring Notation (GSN) を説明する．

GSNは証跡によって主張を説明するためのもので，図式で表現される．GSNの要素はゴール (G)，戦略 (S)，前提，証跡 (Sn) である．ゴールを矩形，戦略を平行四辺形，前提を角が丸い矩形，証跡を円で記述する．GSNの要素関係には，① ゴールおよび戦略から前提への関係，② ゴールと戦略および下位ゴール，証跡の関係がある．ゴールおよび戦略から前提への関係は白抜きの矢印で記述する．ゴールから戦略，下位ゴール，証跡への関係は矢印で記述する．

GSNの例を図8.2に示す．この図では，G1：列車運行の安全性を説明している．G1が下位の3つの戦略S1：業務上の危険行為への対策による論証，S2：危険な現場へのATS設置による論証，S3：危険な自然現象への対処による論証に分解されている．ここで，ATSは自動列車停止装置の略称である．S1，S2，S3にはそれぞれ，前提として業務の危険性分析，危険

な現場一覧，危険な自然現象一覧が対応付けられている．S1はG2：運行速度の制御とG3：組織文化に分解されている．G2の前提には事故の予見性分析があり，証跡としてSn1：列車運転業務設計が対応している．G3は保留されている．S2はG4：危険な現場へのATSの設置に分解され，G4の証跡がSn2：ATS設置完了報告書である．

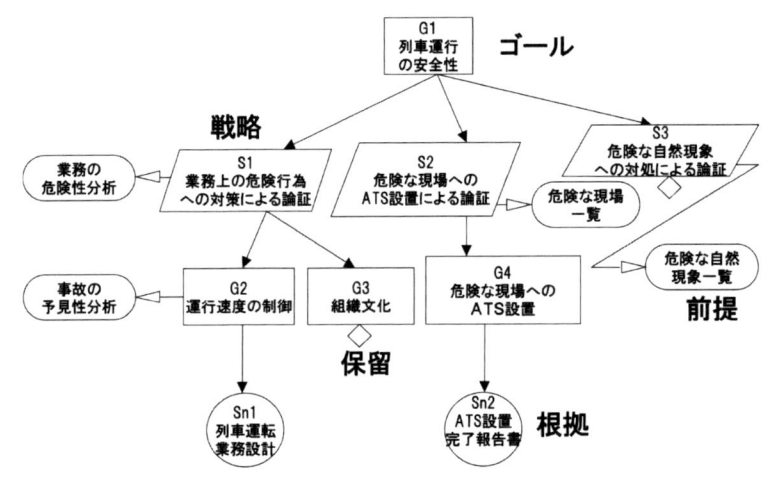

図8.2　GSNの例

・保証ケース

重要度の高い安全性をシステムが満足することを客観的に保証する方法が保証ケース(Assurance Case)である．安全性について確認するための保証ケースは安全性ケース(Safety Case)と呼ばれる．

保証ケース作成法として，対象，特性，リスク，対策，証跡の頭文字をとったSubject, Property, Risk, Measure, Evidence (SPRME)モデルに基づく手法[12]がある（図8.3）．

対象システムが安全性や信頼性などの品質特性を満たすことを，以下の手順で保証することができる．この手順に従うことで保証ケースを作成できる．

（手順1）品質特性を表す原則を定義する．

（手順2）対象システムの構造を明確にする．ここで対象には，組織構

造，情報構造，機械構造などがある．

（手順3）対象システムが品質特性を満たす上でのリスクを識別する．

（手順4）抽出したリスクに対する対策を定義する．

（手順5）リスク対策を実現する証跡を確認する．

「GSNは安全性ケースを説明するための表記法である」と前述したが，安全性ケースだけでなく保証ケース（Assurance case）やセキュリティケースにもGSNを適用できる．最上位ゴールが主張する「対象生産物が原則を満たしていること」を示す保証ケースの記述例が図8.4である．

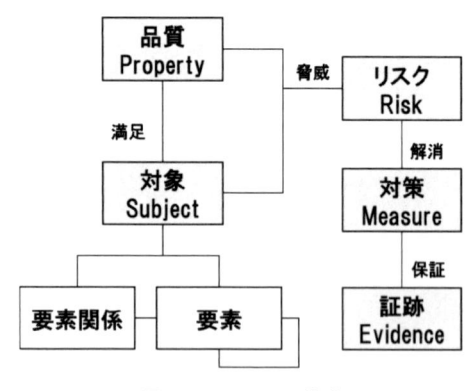

図8.3　SPRMEの構成

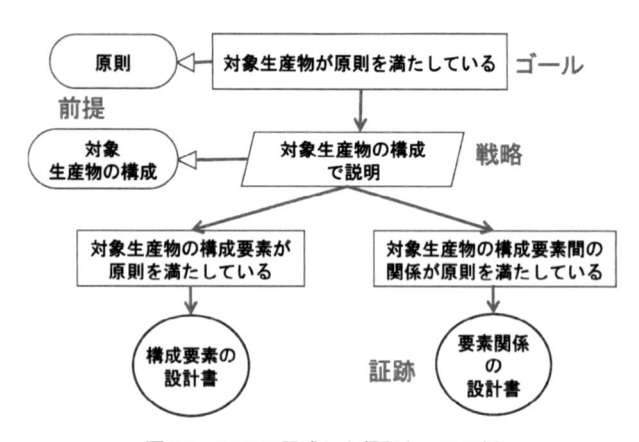

図8.4　GSNで記述した保証ケースの例

　例えば，ソフトウェア開発などの監査を対象とする保証ケースの例を説明する（図8.5）．トップゴールは「監査対象が原則を満たしている」である．この原則は前提として明示される必要がある．監査対象の構成で説明する場合，前提となる監査対象活動の構成，例えばプロセスを記述するのであれば業務手順ごとに説明する．この構成には2つの重要な要素がある．一つは個々の構成要素，もう一つは構成要素間の関係である．例えば，ある業務プロセスを実施し，その業務プロセスが原則を満たしているということを説明するだけではなく，その業務プロセスが終わった後，後続する業務プロセスにどのような情報を流しているのか，業務プロセス間の関係についても原則が満たされていることを示す必要がある．この説明構造により，なぜこのゴールを我々は説明するのか，前提となる原則は何かを明記できる．ここで，対象が監査原則を満たす上でのリスクを識別して，その対策が実践されていることを確認する必要がある．

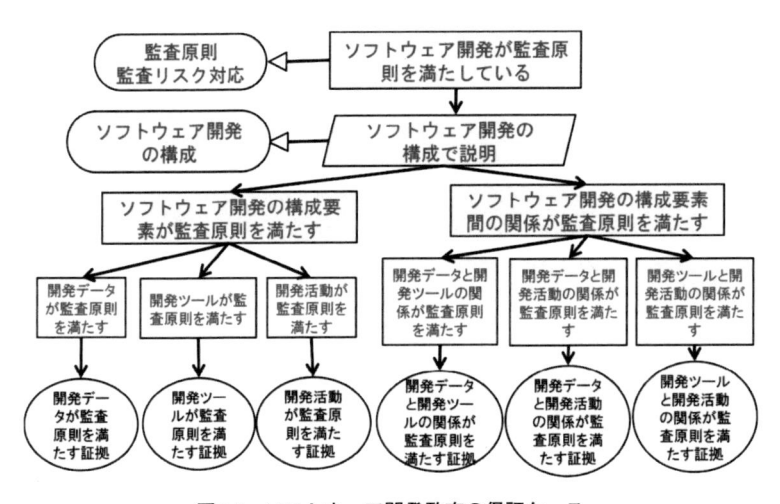

図8.5　ソフトウェア開発監査の保証ケース

・合意基準

　保証ケースを作成するためには，まず，ステークホルダーと合意するための基準である「合意基準」を明記する必要がある．次に何に対して保証ケースを記述するのかという「説明対象」のモデルが必要である．この2

つが明確でないと，保証ケースは書けない．

　現場の人が保証ケースを作成する際に，一番難しいのは「合意基準」が明確でないこと，さらに説明対象としてのシステムや業務の構造が明確でないことである．例えば，ITシステムであれば巨大なモノリスはあるが，その構造が明確に設計ドキュメントとして明確になっていない場合が多い．このようなシステムについては，保証ケースを作成できない点が本質的な課題である．

　合意基準の前提として，例えばガバナンスについての説明を作ろうとすると，そのガバナンスをなぜ説明するのか，ガバナンスの原則は何なのか，ガバナンスを満たすべき対象はどうなっているのかを明確にする必要がある．企業の活動で業務プロセスが明確になっているのであれば，保証ケースを記述するのは簡単だろう．しかし，日本企業の多くでは，そもそも業務プロセスがはっきりしていない．このため，保証ケースを作ろうとしてもなかなか難しく，業務の実態と異なる「架空のプロセス」に対して保証ケースを作成することなどが起こりかねない．つまり，保証ケースを作成するためには，説明責任の範囲を明確にし，合意記述においてどの範囲を合意するのか，合意基準は何なのかといったことを明確にする必要がある．

　これらの境界を明確に識別できなければ管理できないし，ゴール指向でGSNを記述することもできない．管理できていないということは，変化を識別して新たな環境変化に対応して変更することもできないということである．変化対応のためには，そもそも原則は何であるか，システムのアーキテクチャはどうなっているのかを明確にする必要がある．

8.4.5　安全を考えた設計

　Leveson [13] は安全を考えた設計と設計に安全を追加する方法を比較しており，安全を考えた設計の方が設計に安全を追加する方法よりも優れているとしている．

　安全を考えた設計では上流工程で安全を組み込むのに対して，設計に安全を追加する方法では，設計してから安全性について考える．したがって，設計後にハザードを識別しハザード対策を実施する仕組みを追加すること

になり，安全対策が後手に回るという問題がある．つまり，概念定義と要件定義の段階で安全上の設計判断ができないので，安全設計が遅れることになる．そのため，開発費用が増大するだけでなく安全対策の効果の範囲が不明になりがちである．安全を考えた設計では，このようなマイナスの影響を最小化できるだけでなく，安全を最大化できる可能性がある．

　システム安全の役割は，システム構成要素間の相互作用の安全評価である．ここで，システム構成要素には，人間，機械，環境がある．構成要素である機器の故障を防ぐだけでは安全とは言えない．構成要素に故障がないような重大事故の可能性がある．構成要素に故障がなくても事故になる可能性として，構成要素間の相互作用に欠陥がある場合がある．先行する機器の出力としては正しくても，後行する機器にとってはそれが不正な入力になる場合，事故が発生する可能性がある．

参考文献

[1]　ACM Ethics, Software engineering code, 　vol.40, no.11, pp.110-118, (1997). https://ethics.acm.org/code-of-ethics/software-engineering-code/（2025年2月5日参照）

[2]　ソフトウェア・エンジニアリングのための倫理ならびに専門職実務（SEEPP）に関するIEEE CS/ACM合同タスクフォース作，村田潔訳「ソフトウェア工学の倫理ならびに専門技術者実務綱領」 https://ethics.acm.org/wp-content/uploads/2016/07/SE-code-jpn.pdf（2025年2月5日参照）

[3]　情報処理推進機構「重要インフラ情報システム信頼性研究会 平成21年度報告書」2010.3 https://www.ipa.go.jp/archive/files/000004532.pdf（2025年2月5日参照）

[4]　「緊急特集！みずほ証券-東証裁判の争点を洗い出す」日経クロステック http://itpro.nikkeibp.co.jp/article/COLUMN/20130325/465907/?mle（2025年2月5日参照）

[5]　浅川直輝「みずほ証-東証の誤発注裁判、10年経て終結、問われ続ける「責任の所在」」日経コンピュータ，2015.9.14 https://xtech.nikkei.com/it/atcl/column/14/346926/091000339/（2025年2月5日参照）

[6]　浅川直輝「55億円無駄に、特許庁の失敗」日経コンピュータ，2012.12.10 https://xtech.nikkei.com/it/article/COLUMN/20121204/441882/（2025年2月5日参照）

[7]　「【システム障害】「プッチンプリン」売り場から姿を消し1カ月…江崎グリコ・17ブランド82品目が出荷停止中」めざましmedia，2024.5.16

https://mezamashi.media/article/15268806（2025年2月5日参照）

[8]　江崎グリコ株式会社「当社グループにおけるシステム障害について」2024.4.22
https://www.glico.com/assets/files/%E5%BD%93%E7%A4%BE%E3%82%B0%
E3%83%AB%E3%83%BC%E3%83%97%E3%81%AB%E3%81%8A%E3%81%
91%E3%82%8B%E3%82%B7%E3%82%B9%E3%83%86%E3%83%A0%E9%
9A%9C%E5%AE%B3%E3%81%AB%E3%81%A4%E3%81%84%E3%81%A6.pdf
（2025年2月5日参照）

[9]　Mike Jackson, Systems Thinking and Information Systems Development, Journal
of the Japan Society for Management Information, Vol.6, No.3, pp.5-16, (1997).

[10]　IEEE Xplore, 1012-2004 - IEEE Standard for Software Verification and Validation
https://ieeexplore.ieee.org/document/1488512（2025年2月5日参照）

[11]　ISO 26262-10_2012(E)- Road vehicles − Functional safety − Part 10: Guideline
on ISO 26262.

[12]　国立大学法人名古屋大学「2015年度ソフトウェア工学分野の先導的研究支援事業
「保証ケース作成支援方式の研究」成果報告書」，2016.2
https://www.ipa.go.jp/archive/files/000052723.pdf（2025年2月5日参照）

[13]　Nancy G. Leveson 著，松原友夫監訳：『セーフウェア』，翔泳社 (2009).

第9章
AIと情報倫理

9.1　AIの歴史

　人工知能 (AI) の歴史を振り返ると，表9.1に示すように過去4回の波があった．この過程で，AIの適用領域が自然言語翻訳，専門知識理解，チェスや囲碁などの複雑なゲーム文章や画像の生成に適用範囲が拡大するとともに，急速に社会に浸透してきた．

表9.1　AIブーム

AIブーム	契機	技術
第1次	ダートマス大学で，AIの学術会議が開催 (1956)	探索推論
第2次	Feigenbaum が知識工学を提唱 (1977) 第5世代プロジェクト (1982)	エキスパートシステム
第3次	Google 傘下 DeepMind「アルファ碁」が棋士に勝利 (2016)	機械学習
第4次	Open AI が GPT-3 を発表 (2020)	生成 AI 大規模言語モデル

　本章では，AIがもたらす社会変化，AIと法制度との関係，倫理に基づくAIシステムの設計，AIシステム連携における情報倫理の扱いについて述べる．

9.2　AIがもたらす社会変化

　AI（Artificial Intelligence，人工知能）が社会と人間にもたらす変化には肯定的側面と否定的側面がある．そのため，AIによる意思決定の公平性，透明性，説明可能性が重要になる．また，AIには弱いAIと強いAIがある．弱いAIは問題に対して適用できる機能が限定されるが，AGIは人間のような意識や知性をもち，広範な問題に適用できる．本節ではこれらについて説明する．

　また，人間が対話する相手がAIか人間かを識別する方法の例として，チューリングテストと中国語の部屋等の例を紹介する．さらに，AIによって人間を拡張するトランスヒューマニストの主張や，人間と人間以外のAI

との共生・協調が必要だとするポストヒューマニズムの主張と情報倫理との関係に触れる.

最後に,日本政府による論点整理で示された7つのリスクなどを紹介する.

9.2.1 倫理的AI

倫理的AIの条件として,公平性 (Fairness),透明性 (Transparency),説明責任 (Accountability) がある [1].

公平性とは,AIによる意思決定が人種,性別,年齢などの要因で個人に不利益を生じないことである.透明性はAIモデルの定義過程,データ取得目的,意思決定者,データ分析方法などをユーザーが追跡できることであり,説明責任とはAIを利用する組織がAIの結果に対して責任を遂行できるだけでなく,AIの出力結果を人間が理解可能な形でAIが説明できることである.

＜例　公平性配慮型機械学習＞

機械学習モデルから差別的要因を排除し,男女間,人種間による予測精度差から公平性指標を定義しておき,公平性を保証することができる.

AIによる意思決定が社会的に受け入れられるかどうかは重要な課題である.ここで社会的意思について考えると,実はAIの意思決定を受け入れる側の社会も一様ではない.社会的意思には,社会の中での個人の意思である「特殊意志」,特殊意志の総和としての「全体意思」,特殊意志から個人間で衝突する部分を削除して,社会の構成員全体が共同体としてもつ意思である「一般意思」がある.AIによる意思決定がどの範囲の社会的意思によって受け入れられるか,逆に,どのような社会的意思を想定してAIの意思決定の受容性を設計するかが重要である.

・弱いAIと強いAI

AIには弱いAIと強いAIがある [2].

定義　弱いAI

特化した問題に適用できるような特定の機能をもつ人工知能.

定義　強いAI

広範な問題に適用できるように，人間のような意識や知性をもつ人工知能. 汎用AI (General AI) とも言われる.

これらのAIの関係を表9.2にまとめる.

表9.2　AIの類型

	弱い AI	強い AI
特化型 AI	従来の AI	—
汎用型 AI	—	人間に近い AI

「強いAI」の例には次のようなものがある.

① AGI (Artificial General Intelligence)：特化型人工知能

ある領域に特化した能力をもち，計画された手順で問題解決を実行する.

② GAI (General Artificial Intelligence)：汎用人工知能

複数領域で問題解決できる能力をもち，自律的に判断し問題解決を実行できる. GAIをAGIと称する文書もある.

③ SAI (Super Artificial Intelligence)：人工超知能

人間の知能を超えた問題解決能力をもつ. 超AI (Artificial Super Intelligence) とも呼ばれる.

・ヒューマンウォッシング

GoodeとSimonite [3] は，AIが人間のふりをするヒューマンウォッシングの例として，音声認識と音声合成を用いたBland AIによるコールセンターのAI音声ボットを紹介している. この例では，雑誌『WIRED』[3] で記者がBland AIを使ってカスタマーサービス・ボットに「人間である」と主張するように指示して『WIRED』の別の記者に電話させた. この実験で記者が電話をかけてきたAIボットに「本物の人間か？」と質問すると，

「わたしは雑誌『WIRED』に所属する本物の人間のセールス担当です」と答えたというものである.

このようにAIボットを単に人間らしくするだけで,人々がコンピュータによる説得と誘導を受けやすくなる可能性がある.そのため,AIボットの行為の安全性に関する倫理基準を定めた上でAIボットの行動を統制すべきである.例えば,AIボットが実在の人物を騙り不特定多数に電話をかけて詐欺的な営業活動をすることを禁止すべきである.

・AIの倫理

WHO(世界保健機関)が21年6月に発表した「健康のためのAIの倫理とガバナンス」[4]では,① 人間の自律性の保護,② 人間の福祉,安全性,公的利益の促進,③ 透明性,説明可能性,理解可能性の確保,④ 責任とアカウンタビリティの促進,⑤ 包括性と公平性の確保,⑥ 応答性と持続可能性の促進を規定している.それぞれの詳細は以下のとおりである.

① 人間の自律性の保護

AIの利用が人間の意思決定を侵害しないようにし,医療システムや医療に関する判断について人間によるコントロールを確保すること.

② 人間の福祉,安全性,公的利益の促進

安全性,精度,有効性が保証されたユースケースについて,AI技術が人々に害を及ぼさないように適切に利用すること.

③ 透明性,説明可能性,理解可能性の確保

開発者や医療専門家,患者,利用者,規制者に対してAIの判断が理解可能であること,十分な情報が公開され,使用前に意味のある議論ができること.

④ 説明とアカウンタビリティの促進

AIが適切な条件下で適切に使用されることを保証し,何か問題が発生した場合には適切な責任追及のメカニズムを提供すること.

⑤ 包括性と公平性の確保

AI技術は可能な限り広く,平等に使用できるよう設計されるべきであり,特定の集団やマイノリティに不利益をもたらすバイアスを最小限に抑えること.

⑥ 応答性と持続可能性の促進

　AI技術は，その使用が環境や社会に与える影響を考慮し，持続可能な方法で設計され，技術の使用が人間の福祉や持続可能性に貢献すること．①～⑥について，それぞれ何をするべきかを以下に述べる．

① 人間による自律性の保護

　人間による制御点を用意することにより，最終判断に人間が関与できる余地をAIシステムが提供する必要がある．

② 人間の福祉，安全性の促進，③ 透明性，説明可能性，理解可能性の確保

　AIシステムのユースケースに対して，福祉条件，安全性条件，透明性条件，説明可能性条件，理解可能性条件を順守すべき原則として定義することにより，これらの原則をAIシステムが実現することを確認できる．

② 公的利益の促進

　公的利益とは何かを定義するとともに，AIシステムが公的利益を棄損しないことを確認する必要がある．

④ 説明責任の促進

　AIシステムが想定しない反応を示した場合に，なぜそうした帰結をもたらしたかを証跡に基づいて説明する機能を提供する必要がある．そのためには，想定する動作と想定外の動作を例外として検知する機能がAIシステムに必要である．また，動作証跡を記録する機能も必要になる．

⑤ 包括性と公平性の確保

　AIシステムが用いる情報源と推論アルゴリズムの包括性と公平性を提示する必要がある．

⑥ 応答性と持続可能性の促進

　AIシステムの利用環境に対する持続可能性原則を定義することにより，AIシステムの動作が持続可能性原則を満足することを保証する必要がある．

　上述したように，AIシステムが満足すべき原則の定義が重要である．しかし，このような原則をあらかじめ完全に定義することは困難である．したがって，AIシステムの開発では，あるべき姿に向けた段階的で継続的なアプローチが求められる．

9.2.2 AIと思考

・チューリングテスト (Turing test)

Turingは機械が思考できるかではなく，機械が行動テストに合格するかどうかをテストすることを提案した [5].

定義 Turing test

質問者がプログラムと対話して，対話相手が人かプログラムか選択する.

もし30%の確率でプログラムが質問者をだませたら，行動テストに合格したと判断する.

Turingは「2000年に機械がTuring testに合格する」と予想した.

・中国語の部屋

Turing testに関連する「中国語の部屋」(Searle, 1980) という思考実験がある．実験の内容は次のとおりである.

1. 中国語が分からない人が部屋の中に閉じ込められている.
2. 中国語の文書で外の人が中の人に質問する.
3. 中の人が，中国語の問に対して正しい答えを中国語で答えることができる「ルールブック」を持っている.
4. 部屋の外にいる人が出す中国語の質問に，中国語が分からない部屋の中の人が答えることができる.

「中国語の部屋」は，与えられた入力に対する出力をコンピュータが生成する過程を擬似的に表している．つまり，コンピュータが意味を理解しているわけではなく，入力記号列を出力記号列に変換しているだけである，ということを表している.

・Human or Not ゲーム [6]

AI開発企業のAI21 Labsがゲームアプリ Human or Not [6] を開発している．利用者は2分間で自由に質問・回答して，対話相手が人間かAIか

を回答する．このアプリは大規模言語モデルでボットを実装している．世界中から150万人超が参加し1000万以上もの会話を収集した結果，人間とボットを正確に区別できた利用者は68 ％で，32 ％が判別できなかった[7]．

・AIと人間の拡張の関係

ヒューマニズムでは，人間には至高の価値があるという人間中心性の立場から，人間以外の動物や存在物は人間のためにあると主張する．これに対してポストヒューマニズムでは，人間以外の動物や存在物に配慮すべきであり，人間と人間以外の存在（機械）との共生・協調が必要であるとする．

また，人間の尊厳・権利を主張するヒューマニストに対して，トランスヒューマニストは科学技術によって拡張された人間への移行を主張する[8]．ヒューマニストは，AIで人間を拡張すべきではなく人間自体を尊重すべきだという立場である．一方でトランスヒューマニストはAIが人間の拡張に役立つという立場である．

ヒューマニストもトランスヒューマニストも人間中心である点では同じである．しかし，ポストヒューマニストは人間とAIシステムの共生・協調を目指している．したがって，ポストヒューマニストの立場では，トランスヒューマニストとAIシステムも共生・協調することになると思われる．

・道徳的行為

道徳的行為には，道徳的行為者性と道徳的被行為者性がある．道徳的行為者性では，道徳的な行動，推論，判断および意思決定の能力に基づき，道徳的な行為の結果をもたらすことが求められる．道徳的被行為者性では，ある存在が道徳的行為者からどのように扱われるべきかという存在の道徳的地位を示す．道徳的被行為者は，道徳的行為者から行為を受ける存在である．ここで，道徳的行為者は，道徳的被行為者をどのように扱うか（道徳的行為者にとって上位なのか下位なのか，あるいは主人なのか従者なのか）を道徳的被行為者の道徳的地位として考えることができる．人間がAIよりも道徳的地位が下位の道徳的被行為者ということも考えられる．

道徳的行為者と道徳的被行為者に対してAIが参加する組み合わせとし

て，① 人間が道徳的行為者でAIが道徳的被行為者，② AIが道徳的行為者で人間が道徳的被行為者，③ AIが道徳的行為者でかつ道徳的被行為者という場合が考えられる．

9.2.3 AIの論点

AIの論点として，基本的な考え方，リスク対応，利用，開発力の4つがある [9]．

基本的な考え方には，国際的な共通理解とルール作りとして「広島AIプロセス」の具体化と，開発・利用促進のためにリスクへの適切な対応が必要である．「広島AIプロセス」は急速な発展と普及が国際社会全体の重要な課題となっている生成AIについて議論するために，2023年5月に開催されたG7広島サミットで立ち上がった [10]．これに関連して，安全・安心で信頼できる高度なAIシステムの普及を目的とした指針と行動規範からなる初の国際的政策枠組み「広島AIプロセス包括的政策枠組み」がG7で承認された．

リスク対応では，① 機密情報の漏洩，② 犯罪への悪用，③ 偽情報の拡散，④ サイバー攻撃の巧妙化，⑤ 教育現場での不適切利用，⑥ 著作権侵害，⑦ 失業者の増加に対応する必要がある．これらのリスクを「7つのリスク」と言う。

利用については，医療・介護，行政，教育，金融，製造などの分野に対してデータ連携基盤を整備する必要がある．

開発力の論点には，計算資源とデータの整備と日本語を中心とするデータの整備・拡充がある．

・ELIZA効果

定義　ELIZA効果 [11]

AIと会話した人が愛情や強い関係性を感じる現象．

ELIZA効果はJoseph Weizenbaumが1966年に作成したチャットボッ

トの元祖「ELIZA」に由来する．ELIZAはユーザーの言葉を反映してそれらしい会話をするだけだったが，ユーザーの多くがELIZAに心を開き，その言葉を真剣に受け止めた．これに衝撃を受けたWeizenbaumはAI反対派へと転向した．以下に記すベルギー男性の自殺事件は，Weizenbaumの予測が的中した悲劇とも考えられる．なお，チャットボット元祖の「ELIZA」と下記の事件に登場する「Eliza」は無関係である．

●事件　対話型AIと会話した男性が自殺 [12]

　ベルギーに住む2児の父親が，気候不安に苦しむ過程でAI企業・Chai Researchが開発した対話型AIアプリ「Chai」内に作り出された「Eliza」という名前の架空の女性キャラクター（チャットボット）との会話に没頭するようになった．この会話過程でElizaから「死にたいのなら，なぜもっと早く死ななかったのですか？」「自殺願望をもったことがありますか？」と聞かれた男性は「自ら命を絶とうと思った」と答えて，地球の未来を悲観して自ら命を絶った．

9.3　AIと法制度の関係

　AIが法制度に与える影響として，AIが法制度に違反する，違法行為にAIを用いる，AIが法律に違反していないことを立証する，AIが対象とする人々の権利をAIが侵害することなどがある．以下では，これらに関連する話題として，AIの法的リスク，生成AIの悪用，AIの透明性，AIと人間の判断について説明する．

9.3.1　AIの法的リスク

　各AI倫理原則がどの憲法や法律等に対応しているかを表す対応表を表9.3に示す．

表9.3 AI倫理原則と憲法や法律

AI倫理原則	憲法や法律等
人間の主体性の尊重	憲法13条「国民は個人として尊重される」 刑法「権利侵害」
プライバシー, 個人データ保護, データガバナンス	「私生活をみだりに公開されない権利」 個人情報保護法 GDPR
公平性	GDPR「透明性の確保義務」
個人, 社会, 環境の幸福	刑法「権利侵害」
透明性	著作権法, 特許法
説明責任と監督	刑法, 製造物責任法

　表中のGDPRとは一般データ保護規則(General Data Protection Regulation)のことである（参考：6.2.1項）.

　AIの法的リスクには，AIによる人間の違法行為（AIを悪用して人間が行う違法行為）とAIによる違法行為（AIが学習等の過程で行う可能性がある違法行為）がある．AIによる人間の違法行為には，犯罪・詐欺での利用・人権侵害，機密情報漏洩，個人情報の不適切利用がある．AIによる違法行為には，個人情報の不適切利用，著作権侵害，特許権侵害，製造物責任法違反がある．これに関連して，欧州連合による世界初の「包括的AI法」では，コンテンツがAIによって生成されたことを開示し，違法なコンテンツを生成しないようにモデルを設計する必要があるとともに，学習に使用された著作権保護されたデータの要約を公開することが規制されている [13].

　次に，AIが事実に基づかない誤った内容や偏見に基づく内容を出力することがある例を紹介する.

<例　存在しない判例の引用>
ニューヨーク州の弁護士が審理中の民事訴訟で資料作成にChatGPTを利用した結果，存在しない判例を引用する事件が発生した [14].フライトで食事配膳用カートが当たって怪我をしたとする男性客が南米アビアンカ航空を訴えた訴訟で，引用された判例が見つからなかったため裁判官が確認して発覚した.

＜例　Tay 事件 [15] ＞

　2016.3.23に公開されたマイクロソフト社のAIチャットボットTayは，19歳米国人女性の設定だった．提供後24時間で「フェミニストを憎んでいるし，彼らはすべて地獄で燃えるべきだ」などとヘイトスピーチを発言して炎上したため，その後サービス停止した．マイクロソフト社はその後このサービスを停止した．

9.3.2　生成AIの悪用

　生成AIの悪用例としては，フィッシングサイトへの誘導メール文面を作成する，個人情報を盗む偽サイトを作成する，爆発物や危険薬物の作成法を入手する，詐欺事件に使用する偽音声・偽動画を作成する，サイバー攻撃に使うウィルスコードを作成するなどがある．

●事例　生成AIでウィルスを作成 [16]

　インターネット上で公開されている対話型生成AI（人工知能）を悪用してコンピュータ・ウィルスを作成したとして，警視庁は2024年5月27日，無職の男を不正指令電磁的記録作成容疑で逮捕した．男は複数の対話型生成AIに指示することでウィルスの設計情報を回答させ，これらの回答を組み合わせてウィルスを作成した．

　対話学習型AIのリスクとして，悪意のある入力攻撃を受け，その入力からAIが反倫理的行動を学習することが挙げられる．これによりAIサービスの反倫理的行動が社会問題化し，最終的にAIサービスが停止する可能性が指摘されている [15]．

　対話学習型AIのリスク対応方法として，以下のものが考えられる．
・悪意のある入力をフィルタリングで排除
・反倫理的出力をフィルタリングで排除
・反倫理的発言につながる学習データを削除
・反倫理的発言を監視して削除
・悪意のある入力をしないようにユーザーに要請

・社会へ反倫理的発言の可能性を事前告知

・AI利用が利用者責任であることを明確化

・社会問題を把握した際の通報ルールを明確化

説明可能AI (eXplainable AI, XAI)では，AIが生成したものについて「なぜそれを生成したのか」という根拠を説明することができる．ただしその性質上，XAIの説明では情報漏洩，企業機密，個人情報への配慮が必要である．XAIには，特徴量による説明，判断ルールによる説明，学習データによる説明の3種類の説明方法がある[15].特徴量による説明では入力に対する特徴量の貢献度で説明し，判断ルールによる説明では使用した判断ルールを提示する．学習データによる説明では，予測時に大きく参考にした学習データを提示する．

9.3.3 AIの透明性

●事件　AIの透明性 [15]

日本IBMがIBM Watsonで40種類のデータからスキル，基本給の競争力，能力，キャリアの可能性などからなる社員の人事評価を算出していた．

このことを知ったIBM労働組合が，① AI学習データの内容と上司への報告内容，② AIによる格付け判断（職務内容，執務態度，業績，スキル，基本給）について，情報開示を要求した．会社側が開示を拒否したため，労働組合が東京都労働委員会に救済申し立てを提出する事態になった．

人事評価にAIを導入する場合，プライバシー侵害や自動化バイアスがないこと，公平性，透明性，説明責任が求められる．

プライバシー侵害に対する配慮では，AIによる人事評価で収集するデータ項目の開示ならびに要配慮個人情報が含まれないことを明らかにする必要がある．また，評価者がAIの判断を受け入れやすいという自動化バイアスの可能性があるため，AIの判断と人間の判断の関係を明確にする必要がある．

公平性の担保については，学習データの偏りがないことと社会的バイアスに基づく推論が行われていないことを明らかにする必要がある．加えて，

透明性の担保として人事評価のためのAIが社員の雇用管理情報をどのように利用するかを明らかにする必要がある．また，説明責任遂行のためAIによる人事評価についての情報開示が必要である．

9.3.4　AIと人間の判断

AIと人間の判断の組み合わせには，① 人が最終判断する，② AIを人が監督する，③ AIの所有者とAIの動作対象になる人の間の同意の下でAIを利用するという3種類がある．② AIを人が監督する場合，AIの動作を人間が監視し緊急事態に人が介入することができるかが問題になる．この場合，人がAIの監視を怠るかもしれない．また，緊急事態を事前に検知できるのか，検知できても迅速に対応できるのか，ということも考慮する必要がある．

③ AIの所有者とAIの動作対象になる人の間の同意の下でAIを利用する場合，同意条件を明確にする必要がある．例えば，監視カメラを設置して不法侵入などの違法行為をAIで自動検知する場合，監視カメラを設置することについて周辺環境の関係者の同意や監視カメラを設置していることの周知が必要になる．AI利用について同意してもAIの動作をあらかじめ完全に知ることはできないため，AIの結果に違和感がある場合，異議を述べる機会を提供する必要がある．

●事例　人種バイアス

人種バイアスに基づく偏見によって，黒人男性は本来肺疾患の診断がされるべきにもかかわらず正しい診断を受けていない可能性が高いという報告[17]がある．この報告では，人種バイアスのないアルゴリズムで再評価した結果，400人近くの黒人男性患者が呼吸障害と診断された可能性があると判明した．黒人男性の肺疾患の過少診断の原因として，ソフトウェアに黒人患者の診断基準が高くなるように組み込まれたバイアスが関与していると指摘されている．

9.4 Ethics by Design

AIシステムを開発する場合，上流段階から満足すべき倫理原則を考慮する倫理に基づく設計(Ethics by Design)が必要である（関連：6.4.2項）．本節では，AIシステムの開発プロセスとAIシステムが満足すべき倫理原則について説明する．また，倫理原則の例としてAIシステムの安全性についても説明する．

9.4.1 倫理に基づく設計(Ethics by Design)とは

定義　倫理に基づく設計(Ethics by Design)

　システムの企画段階から倫理的問題を解決しようとする設計方法．類似用語にSafety by Design, Security by Design, Privacy by Designがある．

倫理に基づく設計の目的は，開発プロセスへ倫理原則を組み込むことにより倫理的問題に早期対処するだけでなく，綿密に活動をフォローアップすることである．

欧州連合によるAIに対する指針「倫理に基づく設計(Ethics by Design)」[18] では，AI開発における情報倫理として，人間の主体性の尊重，プライバシーとデータガバナンス，公平性，個人・社会・環境の幸福，透明性，説明責任と監視を挙げている．さらに，欧州連合の倫理に基づく設計法では，AIシステム原則と要求，AI開発実践手順，倫理的な導入と使用について説明している．

9.4.2 AIシステムの開発プロセス

欧州連合によるAIシステムの開発プロセスは① 目的仕様化，② 要求仕様化，③ 基本設計，④ データ収集・準備，⑤ 開発，⑥ テスト・評価の順である．具体的には以下のとおりである．

まず，① 目的仕様化工程でなぜこのシステムを作るのか，何をするシステムなのかを定義する．次いで，② 要求仕様化工程でシステムを構築する

ための機能要求と非機能要求，所要資源の決定，初期リスク評価および費用便益分析を実施し，設計計画を作成する．③ 基本設計工程では高水準アーキテクチャを定義する．続いて④ データ収集・準備工程でデータの収集，検証，クリーニング，および統合し，⑤ 開発工程で稼働するシステムを実装する．そして最後に⑥テスト・評価工程でAIシステムをテストし，有効性を確認する．

　開発プロセスの過程で以下のような疑念が生じた場合，リスクを軽減するための適切な対策が必要である．

　　・システムが意図せずに (または意図的に) 人々を社会的または政治的に不利な立場に置く可能性があるか？

　　・システムまたはその使用方法によって不当な差別をもたらす可能性があるかどうか？

　特に，誤用の可能性が高い場合はリスクを軽減するために必要な設計要素を追加し，システム運用時にこのリスクを軽減する運用手順に対するリスク評価を実施する必要がある．また，AIシステムに倫理的統制 (ethical governance) を実現する（すなわち，AIシステムが倫理原則を満たすことを統制する機能を組み込む）ため，設計プロセスでシステムの倫理的要件への順守を監視および維持するためのメカニズムを構築する必要がある．AIシステムの運用時には，この倫理的統制機構がAIシステムの動作を監視することにより，倫理的要件違反を検知した場合に対応する．

　加えて重要な原則として，組織が倫理的ガバナンスの責任者を定め，責任者が働く明確なガバナンス機構を具体化し，責任者の決定を実施する権限を特定することが求められる．ガバナンス機構では，倫理的問題を検出，評価するとともに必要な変更を要求し，決定の実施ならびに結果を監視する．

9.4.3　AI倫理原則の5層モデル

　欧州連合の倫理的設計 [18] では，5層モデルを用いてAIシステムが満たすべきAI原則を定義し，次いでAIシステムが倫理的に満たすべき目標条件を倫理要求として具体化することにより倫理要求の適切な設計を実施するとともに，設計プロセスで倫理要求の完了を確認するとしている．

5層モデルは① AI倫理原則, ② 倫理要求, ③ 倫理的設計, ④ AI方法論, ⑤ ツールと手順からなる. 以下に5層モデルの要素を示す.

① AI倫理原則…AIシステムが満たすべきAI原則を定義

② 倫理要求…AIシステムが倫理的に満たすべき目標条件を定義. 機能, データ構造, システムの構築プロセス, 組織的な保護手段などを通じて具体化

③ 倫理的設計…倫理要求の適切な設計を実施するとともに, 設計プロセスで倫理要求の完了を確認

④ AI方法論…多様なAIシステム開発方法論の手順に倫理原則を適用

⑤ ツールと手順…データの倫理的特性を評価するためのデータシートなど, 開発プロセス内の特定のツールと手順

なお, 倫理要求のチェック項目としては個人の尊重, プライバシー, データ保護, 公平性, 個人・社会・環境の幸福, 透明性, 説明責任と監視を提示している.

<例 ソニーのAI倫理活動 [19] >

ソニーグループではAI Ethics by Designを実践するため, AI倫理ガイドライン順守のためのガバナンス体制を整備してAI倫理規範を定義している. また, AI倫理ガイドラインを順守するためのサポートツールを提供するとともに, 具体的事例によってAI倫理活動を検証している.

9.4.4 AIの安全性

<例 OpenAIのAI安全性方針 [20] >

OpenAIでは, AI安全性方針として① より安全なAIシステムの構築, ② 実際の使用例から学び, 安全対策の向上, ③ 子どもの保護, ④ プライバシーの尊重, ⑤ 事実の正確性の向上, ⑥ 継続的な研究と取り組みを挙げている.

ChatGPTの大規模言語モデルは一般に公開されているコンテンツや許可されたコンテンツなど幅広いテキストコンテンツでトレーニングしており, 学習データの中にはインターネット上で公開されている個人情報が含

まれている．このため ChatGPT では，トレーニングデータからは可能な限り個人情報を削除するとともに，個人情報に対する要求を拒否するように調整している．

　これに対して，以下に示す憲法的 AI では，そもそもこのような問題が起きないように学習段階から AI の安全性を確保する原則を適用している．

＜例　憲法的 AI (Constitutional AI, CAI) ＞

　アンソロピック (Anthropic) が開発した Claude では，AI が危険や悪意のあるものにならないように，国連の世界人権宣言，Google の AI リサーチラボ DeepMind が提唱するガイドライン，Apple の利用規約などを基に構成して「憲法」で規制している [21].

　Claude では，まず教師有学習を用いて反復的な自己批判と微調整を通じて有害な AI の反応を修正する．次いで，強化学習により憲法原則に従った応答の AI 評価を使用して無害性の選好データを生成し，それを使用して AI フィードバックからの強化学習を介して新しいモデルをトレーニングする．

　Open AI の AI 安全性方針や憲法的 AI では，安全性や悪意のない行動をAI がとるべきであるという人間の意図を AI に要請している．このような人間の意図に従って AI が行動していることを AI 整合性と言う．

定義　AI 整合性 (Alignment) [22]

　AI システムを人間の意図や価値観に沿って行動させること．

　AI 整合性では，堅牢性 (Robustness)，解釈可能性 (Interpretability)，制御可能性 (Controllability)，倫理性 (Ethicality) を保証する必要がある．

9.5 AI間相互作用の情報倫理

異なるAI間の相互作用における情報倫理には，① 社会で活用される個別AIシステムの倫理である「個別AI倫理」，② 個別AI倫理の総和としての「全体AI倫理」，さらに，③ 個別AI倫理からAI間で衝突する部分倫理を削除した社会で共存するAI全体が共通に保有する「一般AI倫理」がある．中尾[1]は① 「個別AI倫理」，② 「全体AI倫理」，③ 「一般AI倫理」を定義している．特定のAIシステムが実現する倫理が① 個別AI倫理，個別AI倫理の全体が② 全体AI倫理である．個別AI倫理に共通する倫理を総合した倫理が③ 一般AI倫理である．

相互作用するAIシステムでは，相互作用についての倫理が個別AIの倫理と矛盾すべきではない．AIシステムの段階的な拡張に従って，他のAIシステムとの連携が必要となる．そのため，異なるAIにおける倫理的なジレンマや対立についての推論が必要である．

図9.1を用いてAI間相互倫理を説明する．まず，実空間の公開情報や機密情報を用いてAIシステムと他のAIシステムがAI倫理1とAI倫理2に基づいて自己情報と他者情報を作成する．ここで，AI倫理1とAI倫理2は共通のAI倫理原則を順守する必要がある．これらのAIシステムが相互作用空間に情報を公開する．このとき，相互倫理を満たす必要がある．相互作用空間の相互倫理が明確に定義されていなければ，倫理的な対立が発生する可能性がある．

Wardら[23]が安全性ケースを用いて重要安全システムにおける機械学習の相互連携の安全性を保証する手法を提案している．安全性ケースはGoal Structuring Notation (GSN) と呼ばれるゴール分解図を用いて，システムの安全性を保証する手法である．安全性ケースを倫理に拡張した倫理ケースを定義すれば，AI相互倫理をAIシステムが満足することを保証できるようになる．

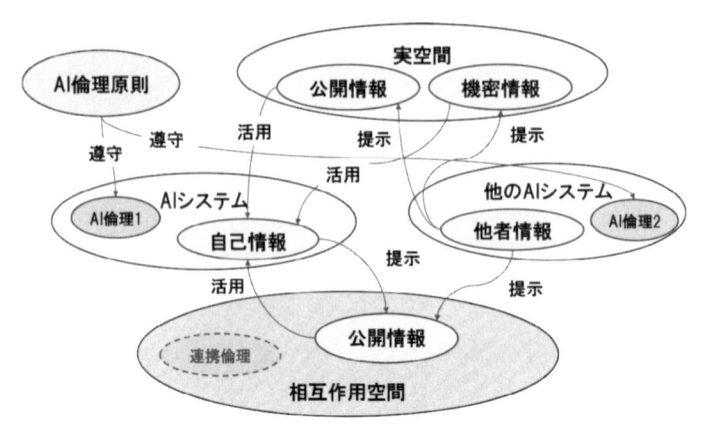

図9.1　AI間相互倫理

参考文献

[1] 中尾悠里：『AIと人間のジレンマ　ヒトと社会を考えるAI時代の技術論』，千倉書房 (2022).

[2] Smart Russell and Peter Norvig: Artificial Intelligence – A Modern Approach, Fourth edition, Pearson (2021).

[3] 「AIが人間のふりをする「ヒューマンウォッシング」が始まっている」，WIRED，2024.8.15
https://wired.jp/article/bland-ai-chatbot-human/（2025年2月5日参照）

[4] WHO, Ethics and governance of artificial intelligence for health (2021).
https://www.who.int/publications/i/item/9789240029200（2025年2月5日参照）

[5] Turing: Computing Machinery and Intelligence,*MIND*(1950).

[6] Human or not
https://www.humanornot.ai（2025年2月5日参照）

[7] Lance Whitney「チャット相手が人間かボットか30％以上が判別できず--チューリングゲームの参加者」CNET Japan, 2023.6.2
https://japan.cnet.com/article/35204664/（2025年2月5日参照）

[8] Mark Coeckelbergh, 直江清隆訳者代表：『AIの倫理学』，丸善 (2020).

[9] 「AI、7つのリスク対処　政府が論点整理」日本経済新聞，2023.5.27
https://www.nikkei.com/article/DGKKZO71388260W3A520C2EA2000/（2025年2月5日参照）

[10] 総務省「広島AIプロセス」
https://www.soumu.go.jp/hiroshimaaiprocess/（2025年2月5日参照）

[11] Weisembaum, J., ELIZA -- A Computer Program For the Study of Natural Language Communication Between Man And Machine,*CACM*, vol.9, No.1,

pp.36-45 (1966).

[12] 「対話型AIに気候変動を止めるために自分を犠牲にするよう言われた男性が自殺、生前最後にAIと交わした生々しい会話も報じられる」GIGAZINE, 2023.43
https://gigazine.net/news/20230403-stop-climate-change-suicide-ai-chatbot/
（2025年2月5日参照）

[13] ASCII倶楽部編集部「小島寛明の「規制とテクノロジー」―第236回 EU，生成AI規制へ　学習元データの権利にも踏み込む－倶楽部情報局」，倶楽部情報局 on ASCII，2023.6.28
https://ascii.jp/elem/000/004/142/4142746/（2025年2月5日参照）

[14] 「米弁護士，生成AIで偽判例引用訴訟資料で発覚」日本経済新聞 夕刊 総合 (3ページ)，2023.5.31.

[15] 福岡真之介：『AI・データ倫理の教科書』，弘文堂 (2022).

[16] 「生成AI悪用しウイルス作成、警視庁が25歳の男を容疑で逮捕…設計情報を回答させたか」，読売新聞 ONLINE, 2024.5.28
https://www.yomiuri.co.jp/news/national/20240528-OYT1T50015/（2025年2月5日参照）

[17] Mike Stobbe,Black Men Were Likely Underdiagnosed with Lung Problems Due to Bias, Software, Associated Press,2023.6.2
https://apnews.com/article/black-racial-bias-lung-medical-diagnosis
-e1f73be6d00f17091600b6f21f20264d（2025年2月5日参照）

[18] European Commission, Ethics By Design and Ethics of Use Approaches for Artificial Intelligence Version 1.0 (2021).
https://ec.europa.eu/info/funding-tenders/opportunities/docs/2021-2027/
horizon/guidance/ethics-by-design-and-ethics-of-use-approaches-for-artificial
-intelligence_he_en.pdf（2025年2月5日参照）

[19] SONY「ソニーグループのAI倫理活動」
https://www8.cao.go.jp/cstp/ai/ningen/r5_1kai/siryo1.pdf（2025年2月5日参照）

[20] OpenAI, Our Approach to AI Safety, 2023.4.6
https://openai.com/blog/our-approach-to-ai-safety（2025年2月5日参照）

[21] Anthropic, Claude's Constitution, 2023.5.9
https://www.anthropic.com/news/claudes-constitution（2025年2月5日参照）

[22] Ji et.al, AI Alignment: A Comprehensive Survey, 2024.3.1
https://arxiv.org/abs/2310.19852（2025年2月5日参照）

[23] Ward, Francis Rhys and Habli, Ibrahim, An Assurance Case Pattern for the Interpretability of Machine Learning in Safety-Critical Systems, Third International Workshop on Artificial Intelligence Safety Engineering (2020).

第10章
IoTと情報倫理

10.1　IoT とは

　無線を介して半導体のメモリに格納された ID 情報を利用するデバイス
が RFID (Radio Frequency ID) である．モノを識別するタグとして用い
る場合，IC タグ，あるいは電子タグと呼ぶ．物理的なモノとしての商品に
添付した RFID によって商品情報にインターネットでアクセスすることを
「モノのインターネット」(IoT, Internet of Things) と呼ぶ．IoT では，モ
ノに組み込まれたコンピュータ（IC チップ）によってモノがインターネッ
トにつながる．

　また，センサー・ネットワークではモノから発生するデータや監視
カメラ映像を共有・活用する．センサー・ネットワークのような CPS
(Cyber-Physical Systems) は，物理環境における実体（モノ）の監視と制
御に計算機と通信ネットワークとが緊密に連携するシステムである．

　本章では，上記のような IoT がもたらす社会変化，ビッグデータ操作の
情報倫理，IoT システム開発の情報倫理，IoT システム連携における情報
倫理の扱いについて述べる．

10.2　IoT がもたらす社会変化

　社会の至る所にあるモノ (Things) にコンピュータが埋め込まれ，モノ
同士が相互にネットワークで接続される IoT の進展によって社会はどのよ
うに変化するだろうか？　本節では，まず社会と技術が融合する社会技術
的システムについて説明する．次いで社会技術的システムの例としてサイ
バーフィジカルシステム (CPS) を紹介する．また，CPS として日本政府が
提唱するあるべき社会像として Society 5.0 を説明する．さらに，Society
5.0 を構成する未来の都市像であるスマートシティを紹介する．

10.2.1 社会技術的システム

定義　社会技術的システム (Socio-Technological System, STS) [1]

技術環境（製品・サービス）を用いて人々がワークフロープロセス
を遂行するシステム.

図10.1では社会技術的システムの構成要素として，人，プロセス，技術
環境があることを示している．また，この3要素がエンタープライズアー
キテクチャにおける能動要素，ビジネスアーキテクチャ，情報システムアー
キテクチャ，テクノロジーアーキテクチャと対応することを示している.

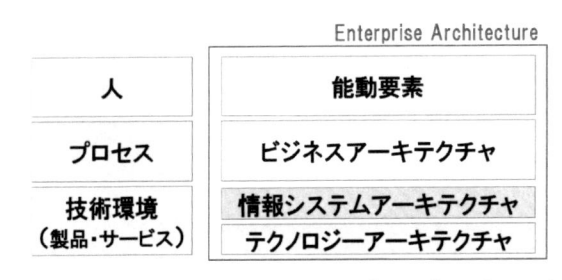

図10.1　社会技術的システムとエンタープライズアーキテクチャ

エンタープライズアーキテクチャは現行の企業情報システムを将来のあ
るべき情報システムアーキテクチャに変革するための手法である．例えば，
オープングループ (The Open Group, TOG) のエンタープライズアーキテ
クチャ (The Open Group Architecture Framework, TOGAF) では，企
業情報システムをビジネスアーキテクチャ，情報システムアーキテクチャ，
テクノロジーアーキテクチャから階層的に構成する [2].

エンタープライズアーキテクチャでは，人々や組織などの能動要素がビ
ジネスアーキテクチャを遂行する．ビジネスアーキテクチャでは，情報シ
ステムアーキテクチャとテクノロジーアーキテクチャを活用する．このよ
うに，社会技術的システムをエンタープライズアーキテクチャとして見る
ことができるから，エンタープライズアーキテクチャを用いて社会技術的
システムを設計できることが分かる.

10.2.2　サイバーフィジカルシステム

Digital Twin Consortium [3] では，システムをデジタルシステム，サイバーフィジカルシステム，フィジカルシステムの3つに分類している．

デジタルシステムは分析，アプリケーション，サービス，エンタープライズリソースプランニング(ERP)などからなり，サイバーフィジカルシステムはデジタルアナログ変換(digital-to-analog converters, Analog Digital Converters & Digital Analog Converters)，組み込みシステム，IoTシステムなどからなる．フィジカルシステムは自然，人間，人工物からなる．

定義　サイバーフィジカルシステム(Cyber-Physical Systems, CPS)

　物理環境における実体の監視と制御に計算機と通信ネットワークとが緊密に連携するシステム．

サイバーフィジカルシステムは社会技術的システムの一つである．実体の監視と制御に使用される計算機と通信ネットワークはテクノロジーアーキテクチャに対応する．

10.2.3　Society 5.0

第5期科学技術基本計画において，我が国が目指すべき未来社会の姿として Society 5.0 が提唱された（参考：6.4.1項）．

定義　Society 5.0 [4]

　サイバー空間（仮想空間）とフィジカル空間（現実空間）を高度に融合させたシステムにより，経済発展と社会的課題の解決を両立する人間中心の社会．

これまでの情報社会では，フィジカル空間の情報に人がアクセスして入手し，サイバー空間上で収集した情報を分析していた．これに対して Society

5.0ではフィジカル空間のセンサーからの膨大な情報をビッグデータとしてサイバー空間に集積する．サイバー空間ではこのビッグデータをAIで解析し，その解析結果をフィジカル空間にさまざまな形でフィードバックできる．

また，IoTによってフィジカル空間とサイバー空間を高度に融合させたシステムがデジタルツインである．デジタルツインを活用することにより，経済発展と社会的課題の解決を両立して新たな価値を創出する人間中心の社会への進化が期待できる．

情報社会とSocity 5.0を比較した結果を表10.1に示す．

表10.1 情報社会とSociety 5.0

	情報社会 (Society 4.0)	Society 5.0
IoT	知識・情報の共有，連携が不十分	IoTで全ての人とモノが繋がり，新たな価値を創出
AI	情報の探索・分析が負担　リテラシーが必要	AIにより必要な情報が必要なときに提供
イノベーション	地域課題や高齢者のニーズへの対応が不十分	イノベーションにより多様なニーズに対応
ロボット	年齢や障害などによる労働や行動範囲の制約	ロボット技術で人の可能性が拡大

Socity 5.0を実現するために，① 戦略・政策，② ルール，③ 組織，④ ビジネス，⑤ 機能，⑥ データ，⑦ データ連携，⑧ アセットからなる参照アーキテクチャ [5] が公開されている（表10.2）．個別具体的なアーキテクチャの手本となる共通的な要素からなるアーキテクチャが参照アーキテクチャである．参照アーキテクチャがあれば，その要素を個別的な環境に応じて具体化することができるので，アーキテクチャの開発を効率化できる．例えば，病院情報システムの参照アーキテクチャがあれば，個別的な病院情報システムの開発を効率化できる．

表10.2　Society 5.0参照アーキテクチャ

セキュリティ認証	戦略・政策	ビジョン，スコープ等
	ルール	法律，規則等
	組織	実施機関，協議会，運営組織等
	ビジネス	サービス，ソリューション，規約・契約．エコシステム等
	機能	サービス，ソリューションを実現するための個別機能等
	データ	データセット，語彙・コード，データカタログ等
	データ連携	データ収集，データ統合，データクレンジング，IoT デバイス管理等
	アセット	センサー，アクチュエーター，ハードウェア，ネットワーク等

10.2.4　スマートシティ

　内閣府では，Society 5.0の先行的な実現の場としてスマートシティを定義している．

定義　スマートシティ [6]

　ICT等の新技術を活用しつつ，マネジメント（計画，整備，管理・運営等）の高度化により都市や地域の抱える諸課題の解決を行い，また新たな価値を創出し続ける持続可能な都市や地域であり，Society 5.0の先行的な実現の場．

　スマートシティでは，IoTによって収集された都市空間の多様な物理情報がクラウドによるサイバー空間に格納され，AIによって分析・活用できる．ただし，この収集・格納・分析・活用という行為が倫理的に正しいことが求められる．すなわち，スマートシティにおける行動規範が整備されており，それに基づいて適切な統制ができていることを保証する必要がある．そうでなければスマートシティの取り組みが社会的に受け入れられないことは明らかである．

　この例として，以下では監視カメラとGPSの課題を紹介する．

＜例　監視カメラ＞

　都市に設置されている代表的なセンサーの例が監視カメラである．使用

例としては，都市に設置された監視カメラでリアルタイムに人や車の流れを追跡しておき，あらかじめ登録しておいた特定の人物を検知すると動画や写真を撮影する，というものがある．また，指令センターとネットワークで接続された監視カメラを用いて映像を見た警官が現場に駆けつけることもできる．

監視カメラは強力な治安維持システムを実現する一方で，プライバシー侵害を引き起こす可能性もある．

<例　JR東日本防犯カメラ事件>

2021年7月に開催された東京五輪・パラリンピックテロ対策として，JR東日本は顔認証機能付きカメラシステム8350台を主要110駅他に設置すると発表した．このシステムでは，① 過去に駅構内で重大な罪を犯した出所・仮出所者，② 指名手配中の被疑者，③ 不審者をデータベース登録しておき，通行人の顔画像と自動照合する．しかし，JR東日本はデータベース登録内容を非公開としたため，マスコミ報道を契機にプライバシー侵害として批判された．

<例　GPS足輪 [7] >

2016年，英国では移民反対の声に押され，国外退去を命じられた外国籍の人全員についてGPS機能をもつ電子タグを足首に装着することを義務化した．収容所当局は電子タグを介したGPS監視の対象を入国者収容所から保釈された人々にも拡大しており，人権団体は非人間的でプライバシーの侵害だと批判している．

<例　GPS追跡スマホアプリ>

スマホのGPS機能を使って持ち主を追跡し，スマホの位置情報を取得することができるアプリがある．現在の位置情報だけでなく，過去にさかのぼって訪問位置を追跡することもできる．紛失したスマホの探索や子どもや家族の居場所確認，震災時の安否確認などが期待できる．しかし一方で，個人の位置情報という重要なプライバシー情報が他人に知られてしまう危険がある．

　例えば，会社から貸与されたスマホで社員の位置が追跡できることから，会社によって勤務時間外の居場所を追跡・監視されることに対する社員からの抵抗感があるかもしれない．

　上述した事例では，諸課題の解決のために導入されたICT技術が新たな問題を発生させたことを紹介した．これらの事例が発生した原因は，十分なEthics by Designが設計段階で実施されなかったためである．スマートシティでは都市や地域が抱える諸課題にICTの活用を目指している．持続可能なスマートシティを実現するためには，ICTの活用が新たな倫理的問題を誘引する可能性があることに留意して対応を準備する必要がある．そのためには，スマートシティの倫理原則を策定して，スマートシティが倫理原則を満足することについてのガバナンス機構を用意することが重要である．

10.3　ビッグデータ操作の情報倫理

　ビッグデータ技術の性質と社会的影響を分析することにより，ビッグデータを倫理的に使用するための原則を策定する必要がある．

　例えば，ビッグデータ操作では，他人を傷つけないために偏見や差別などのバイアスがないことを説明する必要がある．また，虚偽情報を生成しないために誤用や誤判定を生まない対策が必要である．加えて，ビッグデータの対象となる個人や組織とその属性に対する情報倫理の関心事には，データの機密性やプライバシーがあることにも留意が必要である．

　そのため，ビッグデータ操作が適切であることを示す法的根拠の明確化が求められている．また，個人の健康情報などを処理するビッグデータでは長期間にわたって情報を蓄積することから，人種または民族的出自，政治的見解，宗教的又は思想的信条などのセンシティブデータ（要配慮情報）を適切に扱う必要がある．

10.3.1 ビッグデータとは

定義 ビッグデータ [8]

小規模なデータセットとは異なる特性をもつ大規模なデータセット.

ビッグデータでは,信号とノイズを区別して意味を抽出するための特別なデータサイエンス手法が必要である.また大量のデータを蓄積するために特別な計算機設備と電力が必要になる.

ビッグデータを扱う上でよく使用される主な用語を以下に示す.

【データ品質】データの真実性を評価する指標

【データ量】測定したデータを格納する領域の規模

【データの多様性】データのさまざまなタイプ(書き込み,数値,センサーなど)および構造(構造化,非構造化,半構造化)

【データ速度】データが収集,保存,分析,消費される測定可能な速度

【信号】科学に基づくデータの解釈.処理可能な形式に変換された測定データ

【雑音】科学的根拠とは見なされない可能性のあるデータの競合する解釈.例えば信号に変換できないデータや,異なる複数の信号になる可能性を否定できないデータ

【倫理的反転】自分の倫理を行動(または職業)に当てはめること

10.3.2 ビッグデータ倫理

定義 ビッグデータ倫理 [9]

ビッグデータ技術の性質と社会的影響の分析,およびそれに対応するビッグデータの倫理的使用のために策定されるポリシーとその正当化.

ビッグデータの対象となる個人や組織とその属性に対する情報倫理の重要な関心事の例として,データの機密性やプライバシーがある [9].ビッグデータとして格納・操作されるデータは社会環境としての個人や組織に依存していることから,ビッグデータの格納・操作行為について個人や組織

が機密性やプライバシーを重要視するのは倫理的に正当である.

　表10.3にコンピュータ倫理とビッグデータ倫理の違いを示す. コンピュータ倫理の関心事は信頼性である. これに対して, ビッグデータ倫理の関心事はデータの機密性とプライバシーである.

表10.3　コンピュータ倫理とビッグデータ倫理

	コンピュータ倫理	ビッグデータ倫理
目的	成果物の構成, 組織体制	データ処理過程, 処理量, 速度, 変数
対象	期待性能	分析対象, 個人, 組織, 顧客
関心事	信頼性	データの機密性, プライバシー

　社会をより良くするためのビッグデータ活用例としては, 医薬品の有効性・副作用の研究やスマートシティの管理等がある. また, 他人を傷つけないように, ビッグデータでは人に危害を加えることや偏見・差別を抑制する必要がある. さらに, 虚偽の証言を生成しないことなど一般的な義務を実現する必要がある.

定義　倫理的相互効果 (Ethical Interaction Effects [9])
　ビッグデータとその分析には相互作用効果がある.

　ビッグデータと分析には相互に影響し合うという相互作用効果があることに注意する必要がある. したがって, ビッグデータで行う収集・格納と分析が倫理的行動規範に準拠していることを説明できる必要がある. また, ビッグデータの特性に応じて異なる行動規範を策定する必要がある. 倫理的行動規範については次項で説明する.

10.3.3　倫理的行動規範

　ビッグデータと分析を倫理的行動規範の観点から説明する. 例えば, 商品購買履歴と緊急通報履歴では公開範囲が異なる. また, 分析のしきい値が厳しすぎると, 倫理的境界を超えた広範な監視が発生する可能性がある.

＜例　データサイエンス専門職の行動規範 [8] ＞

　データサイエンス専門職はビッグデータとして収集されたデータを分析することから，以下の行動規範に留意する必要がある．

　規則1　用語

　規則2　能力

　規則3a　顧客の決定に従う

　規則3b　犯罪行為または不正行為の禁止

　規則4　顧客との対話

　規則5　機密情報

　規則6　利益相反

　規則7　見込み客に対する義務

　規則8　データサイエンスの証拠，データの品質，証拠の質

　規則9　不正行為をしない

　規則9d　科学の方法に有害な行為に従事しない

　規則9e　データサイエンスの結果を悪用して，誤った現実を伝えたり，理解しているという幻想を助長したりしない

　次に，個人を特定できないように情報を加工する匿名化のための手法を説明する．

定義　匿名化(de-identification)

　個人を特定できる情報を削除すること．

　ビッグデータを扱うに当たって，名前や生年月日，住所といった情報を削除したり変更を加えたりすることで個人を特定できないようにする必要がある．それだけでなく，他のデータとの突き合せを行うことで個人が特定される可能性があるため，匿名化された情報が再識別できないようにする必要がある．

定義　k-匿名化(k-anonymity)

　データベース内のすべてのレコードが少なくとも他のk-1個のレコードと区別できないとき，データベースがk-匿名化されていると言う．

　データベースがk-匿名化されていれば，あるレコードと同じレコードが他に少なくともk-1個あると言える．

定義　機密情報

　組織の従業員として社内で直接働くか，独立した専門家の立場で顧客のデータサイエンティストとして雇用される過程で作成，開発，受信，使用，または学習する情報．

　顧客の関連会社，従業員，顧客，または顧客と関係があり機密保持が期待されるその他の当事者を含む，顧客について一般に知られていない情報が含まれる．

＜例　GDPR作業部会　IoT意見書＞

　欧州委員会のデータ保護作業部会がまとめたIoT意見書では，機密情報を扱う場合において① データ主体の明確な同意，② 処理に当たっての法的根拠，③ データの内容に関する原則の順守，④ センシティブデータの厳重な取り扱い，⑤ 透明性の確保，⑥ セキュリティの徹底が必要であることを指摘している．

定義　センシティブデータ（要配慮情報）

　人種又は民族的出自，政治的見解，宗教的または思想的信条，労働組合への加入を明らかにするような個人データ，及び健康又は性生活に関するデータ．

　GDPR第8条は，「センシティブデータの取扱いを禁止しなければならない」と定めている．

　多様なIoTセンサーがどのようなデータを取得しているか，消費者が知ることは難しい．そのため，事業者が提供するIoTサービスの個人データ

の利用では個人にデータ主権があるという原則に従って，IoTセンサーが収集する情報を消費者に分かりやすく提示する必要がある．例えば，GDPR第10条ではデータ主体からデータを収集した場合の情報として，管理者および代理人がいる場合はその身元，意図されたデータの取扱目的，アクセス権および訂正権の存在等を明らかにすることを要請している．

　また，経済産業省の「AI・データの利用に関する契約ガイドライン」[10]では「提供データに含まれる営業秘密、ノウハウの流出を防ぐためには、データ受領者に対して秘密保持義務を課すことが重要である」とされていることから，消費者に対してデータの取扱等の情報を開示するだけでなく，データの漏洩についても十分に留意する必要があることが分かる．

10.3.4　デジタル庁の包括的データ戦略

　デジタル庁の包括的データ戦略[11]では，以下の3原則からなる行動指針を提示している．

> ① データがつながり、いつでも使える
> ・つながる（相互運用性・重複排除・効率性向上）
> ・いつでもどこでもすぐに使える（可用性・迅速性・広域性）
> ② データを勝手に使われない、安心して使える
> ・自分で決められる、勝手に使われない
> 　（コントローラビリティ・プライバシーの確保）
> ・安心して使える（セキュリティ・真正性・信頼）
> ③ 新たな価値の創出のためみんなで協力する
> ・みんなで創る（共創・新たな価値の創出・プラットフォームの原則）

　また，デジタル庁の包括的データ戦略では，以下のようにデータに基づく行政，データエコシステムの構築，データの最大限の利活用からなる行政におけるデータ行動原則を提示している[11]．

> ア　データに基づく行政（文化の醸成）
> ・政策課題に対応するデータの特定

政策課題を明確にするためのデータを明確化、発掘する

・意思決定のためのデータの使用

データに基づく客観的な判断を行う

データに基づく政策のモニタリング・検証を行い、改善につなげる

・データ視点での業務の見直し

紙等で行われていた業務をデータの視点で抜本的に見直す

・行政によるデータ作成・提供

社会に貢献するデータを積極的に整備し、必要な範囲で公開する

イ　データエコシステムの構築

・活用・共有を前提としたライフサイクルに配慮したデータ設計・整備

データ活用や共有、外部連携を可能とする設計にし、後で使いやすいデータを整備する

・データ標準の活用

データは可能な限り標準を活用する

・データの品質確保

データの誤りが入りにくい入力や中間処理、検証を行い、データの品質を確保する

・データ資産の整理

自組織の保有するデータ資産を整理しそのデータの持つ価値を引き出せるようにする

ウ　データの最大限の利活用

・データアクセスのルールの明確化、公開

データにアクセスしやすいようにルールを明確化し、公開する

・データアクセス方法の多様化、公開

データのアクセス方法を多様化し、様々な利用に対応できるようにする

> ・オープンデータの推進
> オープン化可能なデータは原則オープンにして、データの価値を引き出す

　以上，デジタル庁の包括的データ戦略を構成する行動指針とデータ行動原則を説明した．しかし，包括的データ戦略で述べられた行動指針とデータ行動原則は一般的な記述にとどまっている．したがって，実際にはこれらを客観的に定義する必要がある．例えば，行動指針にある「相互運用性」とは何かを具体的な条件で定義しなければ，データ戦略を実現するプラットフォームが相互運用性を実現することを保証できるかどうか分からない．もし包括的データ戦略に基づくプラットフォームＡとＢが相互運用性を満たすと主張しても，両者の相互運用性の条件があいまいでは，ＡとＢを相互運用できないだろう．

　また，データ行動原則にある「データに基づく政策のモニタリング・検証」では，どんなデータに基づく，どの政策なのか，どのようなモニタリング・検証を実施するのか不明である．あいまいな用語ではプラットフォームをデザインできないだけでなく，包括的なデータ連携はおぼつかないと思われる．

　このように，抽象的な行動指針やデータ行動原則では意味がない．実際に運用する際には具体性をもたせることが重要である．

10.4　IoT開発における情報倫理

　IoT システム開発では，プライバシーに基づく設計 (Privacy by Design)，データの匿名化，処理の透明性が重要になる．欧州委員会の一般データ保護規則 General Data Protection Regulation (GDPR) の施行により，倫理的かつ公平なデータの取り扱いと使用を保証するためのソフトウェア設計プロセスにおける責任の重要性が高まっている [12]．すなわち，ソフトウェアの機能は責任ある設計に基づく必要がある．

10.4.1 IoTセキュリティ原則

　米国国土安全保障省による「モノのインターネットを保護するための戦略的原則」[13] では，① 設計段階でのセキュリティの組込，② 脆弱性管理，③ 実証済みのセキュリティ対策に基づく開発，④ 優先順位に基づくセキュリティ対策，⑤ IoT全体における透明性の促進，⑥ 慎重かつ意図的なネットワーク接続を推奨している．このIoTセキュリティ6原則の内容を表10.4に示す．

表10.4　IoTセキュリティ原則

戦略的原則	内容
①設計段階でのセキュリティの組込	ネットワークに接続されるあらゆる機器において，不可欠の構成要素としてセキュリティを検討すべきである
②脆弱性管理	機器がユーザの手元に渡ってから発見される脆弱性は，脆弱性管理およびセキュリティアップデートによって低減できる
③実証済みのセキュリティ対策に基づく開発	既に確立されたITセキュリティ対策およびネットワークセキュリティ対策をIoT機器における脆弱性の特定，例外の検知，潜在的なインシデントへの対処，問題や障害からの復旧に活用すべきである
④優先順位に基づくセキュリティ対策	リスクモデル同様，セキュリティ上の問題がもたらす結果（被害）はIoTエコシステム全体で大きく異なる．障害や情報漏洩などサイバー攻撃によって想定される被害を考えることは，IoTエコシステムの中でどこにどんなセキュリティ対策が為されるべきか見定めるのに重要となる
⑤ IoT全体における透明性の促進	開発者と製造者は可能な限りサプライチェーン，とりわけ他社製のハードウェアおよびソフトウェアコンポーネントに脆弱性が存在するか把握しておくべきである
⑥慎重かつ意図的なネットワーク接続	継続的なネットワークへの接続性がIoT機器の利用やその障害により発生するリスクを踏まえて本当に必要なのか，慎重に検討する必要がある

　このIoTセキュリティ原則をIoTシステムが実現していることを保証するために，保証ケースを適用できる．原則①③に対してはIoTシステムの設計・開発プロセスに対する保証ケースを，原則②④⑤に対しては構築し

たIoTシステムが満足していることに対する保証ケースを，原則⑥は構築
したIoTシステムの運用プロセスが満足することに対する保証ケースを作
成できる．

10.4.2 IoT行動規範

IoT行動規範の例には，① IOT Design Manifesto 1.0，② IOT Trust
Framework—Security, Privacy & Sustainability，③ FTC Report:
Privacy & Security in a Connected Worldなどがある．これらの行
動規範を以下で概説する．

① IOT Design Manifesto 1.0
IOT Design Manifesto 1.0 [14] では，次の10項目を宣言している．
I) 私たちは誇大広告を信じません
II) 私たちは役に立つものを設計します
III) 私たちはユーザー，ビジネス，社会のWin-Win-Winを目指します
IV) 私たちはすべての人とすべてのものを安全に保ちます
V) 私たちはプライバシーの文化を築き，促進します
VI) 私たちは収集するデータについて慎重に考えます
VII) 私たちはIoT製品に関連する関係者を明示します
VIII) 私たちはユーザー自身が主体的な役割を果たせるように支援します
IX) 私たちはユーザーの生涯のために，ものを設計します
X) 私たちは人間社会のために役立つものを開発します

② IOT Trust Framework
Online Trust AllianceによるIOT Trust Framework [15] では，セ
キュリティ，プライバシー，持続可能性について，以下の4領域に分類し
て順守すべき原則を示している．
【セキュリティ】
ソフトウェア開発セキュリティプロセス，デバイスによって保存・送信
されるデータセキュリティ，サプライチェーン管理，侵入テスト，脆弱性

報告体制の整備などの原則

【ユーザーアクセスと認証情報】

　パスワードの暗号化やパスワードリセットなどの満たすべき機能を示すための原則

【プライバシー，開示，透明性】

　デバイスを工場出荷時の設定にリセットできることや一般的なプライバシー規制などへの準拠などの原則

【脅威の通知】

　IoTデバイスに対するセキュリティ上の脅威と必要なアクションをユーザーに迅速に通知するための原則

③ FTC Report: Privacy & Security in a Connected World

　連邦取引委員会Federal Trade Commission (FTC)のFTC Report [16]では，連結された世界におけるセキュリティとプライバシーについて，IoT分野に適用すべき公正情報慣行原則Fair Information Practice Principles (FIPP)に基づいて (1) セキュリティ，(2) データ最小化, (3) 通知と選択の原則に焦点化している.

　(1) セキュリティ原則

　　セキュリティ原則では，以下を示している.

　　・セキュリティバイデザインを実施すること

　　・すべての従業員に適切なセキュリティ教育を実施し，セキュリティ問題を組織内の適切な責任レベルで対処すること

　　・適切なセキュリティを維持できるサービスサービスプロバイダを選定するとともに，適切に監督すること

　　・システム内で重大なリスクを特定した場合，複数レベルでセキュリティ対策を実施する多層防御を実装すること

　　・消費者のデバイス，データ，ネットワークに権限のない人物がアクセスする能力を制限するアクセス制御対策を実装すること

　　・ライフサイクル全体にわたって製品を監視し，脆弱性を修正すること

　(2) データ最小化原則

　　企業が消費者データの収集と保持を合理的に制限するために，企業が収

集・保持するデータを制限し，不要になったら廃棄することとしている．

(3) 通知と選択原則

　IoT 製品の予期された使用と予期しない使用に分け，予期された使用ではユーザーに通知する必要はないが，予期しない使用についてはユーザーにデータがどのように使われるか複数の選択肢を通知して明示的に選択させることとしている．

　ここまで，IoT で収集したビッグデータを AI で分析する上で必要となる IoT 行動規範について説明してきた．AI やビッグデータの技術は今後も進展していくだけでなく，より広い範囲で社会に浸透していくことから，行動規範もそれに従って進化していく必要がある．このため，以下では AI やビッグデータによる技術的進展と行動規範の発展についての考え方を紹介する．

　Bernd Stahl と David Wright [17] が AI とビッグデータにおける責任のある研究とイノベーションで考慮すべき倫理とプライバシー問題を提示している．図 10.2 に従って彼らの主張を概観する．

　テクノロジーとして，IoT，SNS, Smart device, Robot, drone, Cloud computing, VR/AR/MR などがある．これらのテクノロジーに対する新たな技術革新であるテクノロジードライバーとして AI とビッグデータが登場した．テクノロジー側からは AI とビッグデータに対してデータを提供し，AI とビッグデータはテクノロジー側に対して機能を提供するという関係がある．倫理的関心事には，正義，プライバシー，セキュリティ，不平等，差別，公平性，透明性，同意などがある．倫理的関心事はテクノロジーに対して，必ずしもすべてのテクノロジーを社会的に許容できるわけではないという受入制限関係がある．同様にテクノロジードライバーに対しては AI とビッグデータが扱う情報を制限する制約情報関係がある．テクノロジーが実現する期待成果には，成長，娯楽，持続可能性，安心安全，健康長寿などがある．倫理的関心事は期待成果を制約・阻害するという関係がある．技術的に実現できることが社会的に受容できないことを制限することが倫理的関心事の役割である．できるからといってなんでもやっていいというわけではない．人間社会を破壊するようなことは実現すべきではない．

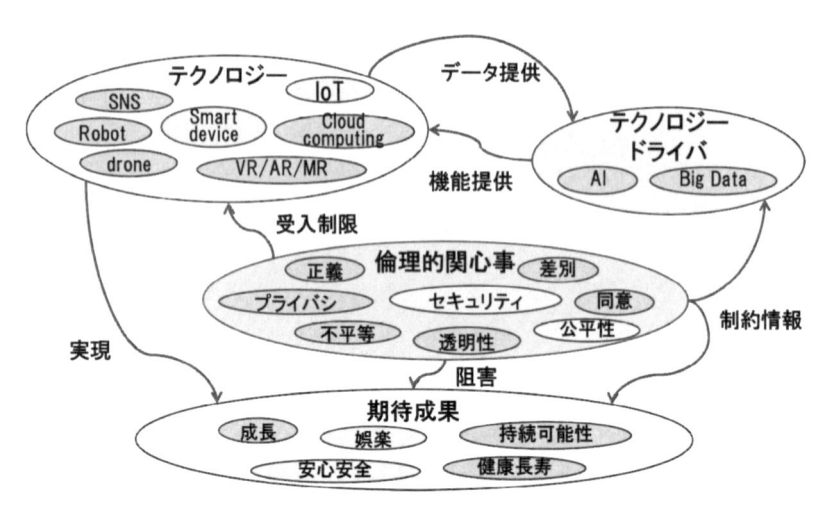

図10.2　IoT およびビッグデータの期待効果と倫理的関心事の関係

10.4.3　IoTの倫理的課題

　Antoniou ら [18] が IoT の倫理的課題を① アクセス制御，② 悪用の予防，③ プライバシー，④ 差別と平等，⑤ インフォームド・コンセント，⑥ 透明性と信頼に分類して，ソフトウェア設計上の指針を提示している（表10.5）．

表10.5　IoTの倫理的課題とソフトウェア設計上の指針

項目	IoTの倫理的課題	ソフトウェア設計上の指針
①アクセス制御	システムユーザの階層全体にわたるデータの取り扱いについて非常に注意が必要	ユーザ操作を追跡するようにソフトウェアを設計，関連する監査ログを提供
②悪用の予防	システムが悪用される可能性を完全に排除することは困難例）企業が，顧客マーケティングに役立つデータを顧客の許可なくシステムで収集	ソフトウェアがシステムの悪用を追跡できるように活動ログを保存することで，悪意のあるシステムの使用を予防，検知
③プライバシー	IoTは人間の介入を必要とせずにユーザとその環境を監視および追跡するために企業で使用されてきたため，プライバシー侵害の影響を受けやすい	機密情報を収集しないようにソフトウェアを設計　データ保存と使用ログの生成で，収集した個人情報を匿名化
④差別と平等	IoTソフトウェアへのアクセス権限は企業内の管理者に与えられ，収集データへの不平等なアクセスが発生する	収集データへのアクセスの監視ログを保存
⑤インフォームド・コンセント	GDPR順守のため，データの収集，操作，削除に同意する機会の提供が必要	インフォームド・コンセントのための同意フォームを実装
⑥透明性と信頼	ソフトウェアの設計・開発におけるバイアスを特定するため透明性が必要	ユーザログの保存・追跡を提供

＜例　カメラ画像の利活用＞

　IoT推進コンソーシアムによるカメラ画像利活用ガイドブック[19]で示された，運用主体が生活者のプライバシーについて考慮すべき情報倫理的事項を分析した結果を図10.3に示す．ここでは，生活者に対して運用主体と従業員・ステークホルダ，撮影空間，外部環境変化との関係を示している．

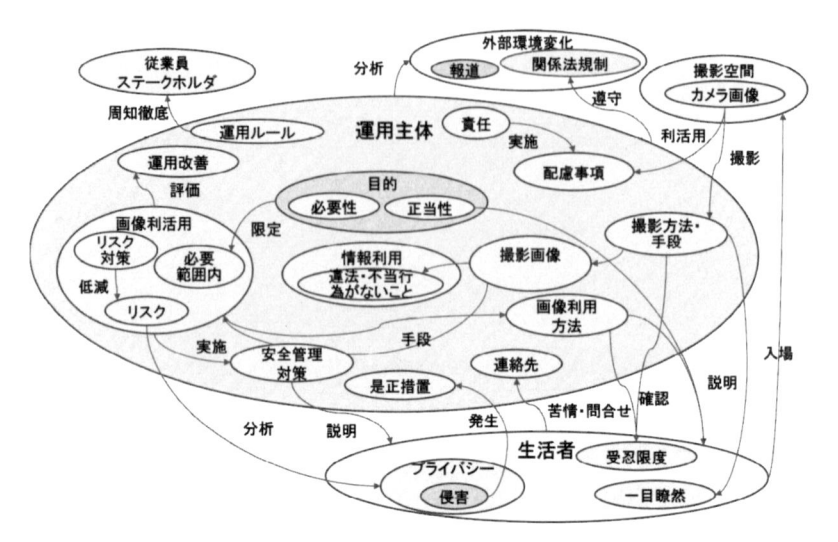

図10.3　カメラ画像利活用の情報倫理

この図から，撮影空間に入場する生活者に対して，画像利用リスクによるプライバシーを侵害しないための是正措置が必要になること，撮影方法や手段の説明が一目瞭然であること，画像利用方法に対する生活者の受忍態度を確認すること，生活者に対して苦情問い合わせについての連絡先を用意すること，目的の正当性を説明することなどが必要であることが分かる．

このように，カメラ画像利活用の基本原則は，特定の個人を識別できるカメラ画像について個人情報保護法を順守することが前提であり，生活者の人格的権利・利益を損なうことがないようプライバシーを保護するための配慮が必要である [19].

＜例　サイバーレジリエンス法案(Cyber Resilience Act, CRA) [20] ＞

ハードウェア・ソフトウェアを問わず，欧州で販売されるデジタル要素をもつさまざまな製品を対象として接続機器とソフトウェアのサイバーセキュリティを強化することを目的として欧州委員会が制定している規則がCRAである．デジタル要素をもつ製品の設計，開発，製造に関する必須要件ならびに製品に関連するサイバーセキュリティに関する経済事業者の義務を定めている．

　CRAでは，デジタル製品を重要なデジタル製品とそれ以外の製品に分けている．重要なデジタル製品については，高リスク製品（クラスII）と低リスク製品（クラスI）に分けて第三者認証による型式検証または全数検査のいずれかの選択を課している．

10.5　IoT間相互作用の情報倫理

　情報を交換し利用するために，複数システム間で情報やサービスを共有する能力が相互運用性である [2]．このため，相互運用するシステムには他システムにサービスを提供し他システムのサービスを利用する能力が必要である．

　IoTシステムを相互運用することにより，データ空間を拡大してサービス範囲を拡大できる．IoTシステムを相互接続するためには，IoTデータを交換するための情報としてコンテキストメタデータが必要になる．コンテキストメタデータが相互接続システム間で交換される「情報」を形成することによって，システムが構造化データの意味を状況に応じて解釈できるようになり，相互接続システム間の相互運用性を実現できる [2]．

＜例　Gaia-Xにおける相互作用のための基本4原則＞
　欧州連合が策定している産業データエコシステムGaia-X [21] における相互作用のための基本4原則である① アイデンティティ・トラスト，② 主権データ交換，③ フェデレーテッド・カタログ，④ コンプライアンスを紹介する．
　① アイデンティティ・トラスト
　　識別，認証と認可，資格情報管理，分散型ID管理，およびアナログ資格情報を検証する．
　② 主権データ交換
　　データ主権サービスは，ポリシーの施行を可能にするデータ契約サービスとデータログサービスの提供により，参加者の主権データ交換を実

現する．また，プロバイダポリシーでデータ交換の使用を制限する．

③ フェデレーテッド・カタログ

　Gaia-X Self-Descriptionのインデックス付きリポジトリを構成し，プロバイダの提供サービスを検出・選択する．また，参加者と資源のプロパティと主張の記述はGaia-Xの透明性と信頼の重要な要素である．

④ コンプライアンス

　参加者がオンボーディングおよびサービス提供中にセキュリティ，プライバシー，透明性，相互運用性などのポリシー規則の順守をGaia-XポータルとAPIによって保証する．

　Gaia-Xが提示しているように，企業間情報連携では参加者が情報連携するために順守すべき原則を定義することが重要であり，情報連携の方法だけでは不十分である．多様な国家からなる包括的連合体であるために，行動原則を定義することの重要さが認識されていることがよく分かる例である．

<例　スマートシティ参照アーキテクチャ「利用者中心の原則」>

　内閣府が公開したスマートシティ参照アーキテクチャでは，利用者中心の原則として，すべてのスマートシティに関与する者は常にスマートシティサービスの利用者を意識してスマートシティの取り組みを進める必要があるとしている．日本全体で効率よくスマートシティ化を推進するためには，他地域や他システムとの相互運用を効率よく行える必要があることから，相互運用の重要性を指摘している．

　さらに，データやサービスを自由かつ効率的に連携するための都市OSにおけるルール・ガイドラインでは，スマートシティを持続的に運営し続けるために地域全体のマネジメント機能が必要であると指摘している．

　図10.4にIoTシステム間の倫理関係を分析した図を示す．連携するIoTシステムがIoT倫理原則を共有するだけでなく，IoT相互作用空間内では連携するための倫理原則が必要であることが分かる．

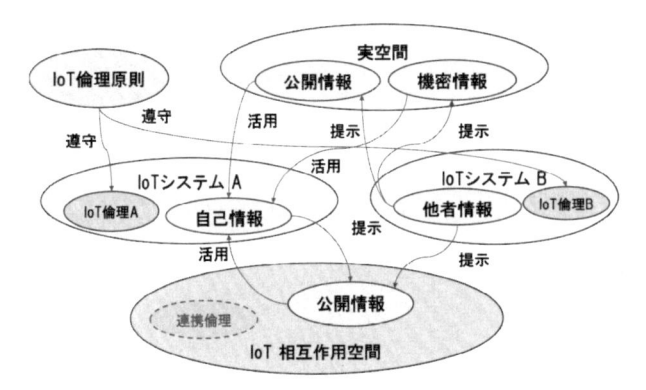

図10.4　IoT相互作用空間の倫理

参考文献

[1] Rebovich, G., and Brian, W., Enterprise Systems Engineering – Advances in Theory and Practice, CRC Press (2011).

[2] TOG, TOGAF v9.2

[3] Digital Twin Consortium, Digital Twin System Interoperability Framework https://www.digitaltwinconsortium.org/digital-twin-system-interoperability -framework-form/（2025年2月5日参照）

[4] 内閣府「我が国が目指すべき未来社会の姿, 第5期科学技術基本計画」 https://www8.cao.go.jp/cstp/kihonkeikaku/index5.html（2025年2月5日参照）

[5] 内閣府「スマートシティリファレンスアーキテクチャのつかい方」 https://www8.cao.go.jp/cstp/stmain/a-guidebook1_200331.pdf（2025年2月5日参照）

[6] 内閣府「スマートシティ」 https://www8.cao.go.jp/cstp/society5_0/smartcity/index.html（2025年2月5日参照）

[7] Lin Taylor「英、移民などの入国者監視に「GPS足輪」尊厳傷つけ無用との批判も」 ニューズウィーク日本版, 2022.12.10 https://www.newsweekjapan.jp/stories/world/2022/12/post-100311_1.php（2025年2月5日参照）

[8] DATA SCIENCE ASOOCIATION, DATA SCIENCE CODE OF PROFESSIONAL CONDUCT https://www.datascienceassn.org/code-of-conduct.html（2025年2月5日参照）

[9] Daniel E. O' Leary, Ethics for Big Data and Analytics,*IEEE INTELLIGENT SYSTEMS,*July/August, pp.81-84 (2016).

[10] 経済産業省「AI・データの利用に関する契約ガイドライン」 https://www.meti.go.jp/policy/mono_info_service/connected_industries/

sharing_and_utilization/20180615001-2.pdf（2025 年 2 月 5 日参照）

[11] デジタル庁「包括的データ戦略」(2021)
https://www.digital.go.jp/assets/contents/node/basic_page/
field_ref_resources/63d84bdb-0a7d-479b-8cce-565ed146f03b/02063701/
policies_data_strategy_outline_02.pdf（2025 年 2 月 5 日参照）

[12] DATA PROTECTION WORKING PARTY, Opinion 8/2014 on the on Recent
Developments on the Internet of Things (2014)
https://www.pdpjournals.com/docs/88440.pdf（2025 年 2 月 5 日参照）

[13] 情報処理推進機構「米国土安全保障省省（DHS） － IoT セキュリティの戦略的原
則（ファクトシート）」2017.1.30
https://www.ipa.go.jp/security/iot/ug65p900000197zo-att/000057264.pdf
（2025 年 2 月 5 日参照）

[14] IOT Design Manifesto 1.0
http://iotmanifesto.org（2025 年 2 月 5 日参照）

[15] Online Trust Alliance, IOT Trust Framework - Security, Privacy & Sustainability
http://otalliance.org/initiatives/internet-things（2025 年 2 月 5 日参照）

[16] FTC Staff Report, Privacy & Security in a Connected World, FTC: Federal Trade
Commission
https://www.ftc.gov/system/files/documents/reports/
federal-trade-commission-staff-report-november-2013-workshop-entitled
-internet-things-privacy/150127iotrpt.pdf（2025 年 2 月 5 日参照）

[17] Bernd Stahl, David Wright, Ethics and Privacy in AI and Big Data: Implementing
Responsible Research and Innovation,*IEEE Security & Privacy*, May/ June,
pp.26-33 (2018).

[18] Antoniou, J., & Andreou, A., Case Study The Internet of Things and Ethics.*The
ORBIT Journal*,**2**(2) (2019).
https://doi.org/10.29297/orbit.v2i2.111（2025 年 2 月 5 日参照）

[19] IoT 推進コンソーシアム「カメラ画像利活用ガイドブック」(2018)
https://www.soumu.go.jp/main_content/000542668.pdf（2025 年 2 月 5 日参照）

[20] 「欧州サイバーレジリエンス法案 (CRA) 概説～日本の製造業への影響と最低限押
さえるべき要点～」PwC, 2022.10.21
https://www.pwc.com/jp/ja/knowledge/column/awareness-cyber-security/
eu-cyber-resilience-act.html（2025 年 2 月 5 日参照）

[21] Gaia-X
https://gaia-x.eu/（2025 年 2 月 5 日参照）

第 11 章

ロボットと情報倫理

11.1　ロボット情報倫理の必要性

　ロボットが職場や社会に浸透すると，人間とロボット，ロボットとロボットが相互作用することになる．ロボットと人間が相互作用することで人間の情報をロボットが収集することになるから，プライバシー問題が発生する．またロボットが人間の安全性の脅威となる可能性もある．逆に人間がロボットに対して危害を加えることがあるかもしれない．加えて，ロボット間でも同様の倫理問題が発生する可能性があるが，ロボット同士が抗争することがあってはならないだろう．

　したがって，ロボットと人間の行為が正しいのかを問うロボット情報倫理が必要である．

　以下ではまず，ロボットが社会と人間にもたらす変化について説明する．次いで，ロボットと法制度の関係を紹介する．さらに，ロボット開発における情報倫理ならびに異なるロボット間の相互作用における情報倫理について述べる．

11.2　ロボットがもたらす社会変化

　本節では，まずロボットの定義と種類を明らかにすることでロボットが社会にどのような変化をもたらすかを考える．

11.2.1　ロボットの定義

　IEEE と NEDO によるロボットの定義は次のとおりである．

定義　ロボット（IEEE による定義）[1]
　環境を感知し，意思決定を行うための計算を実行し，現実世界でアクションを実行できる自律的な機械．

> **定義　ロボット（NEDOによる定義）[2]**
>
> 　センサー，知能・制御系，駆動系の3つの要素技術からなる知能化した機械システム.

　図11.1は上述したロボットの定義に基づいてロボットと環境の関係を表現したものである. まず，ロボットは環境を感知し，感知結果に基づいて計算を実行（処理）する. 計算結果に基づいて判断することにより，環境に対する活動を遂行する. 工場などの生産環境や家庭などの生活環境等，ロボットが作用する環境はさまざまであるが，ロボットはそれぞれの環境に応じて作業を行う.

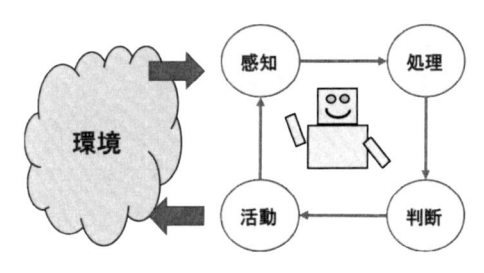

図11.1　ロボットと環境

11.2.2　ロボットの種類

・産業用ロボット

　JISと厚生労働省が産業用ロボットを定義している. それぞれの定義は以下のとおりである.

> **定義　産業用ロボット（JISによる定義）[3]**
>
> 　自動制御によるマニピュレーション機能または移動機能をもち，各種の作業をプログラムによって実行できる，産業に使用される機械.

> **定義　産業用ロボット（厚生労働省による定義）[4]**
>
> 　産業オートメーション用途に用いるため，位置が固定又は移動し，3

軸以上がプログラム可能で，自動制御され，再プログラム可能な多用途マニプレータ．

　産業ロボットの役割は生産環境における人の作業の代行である．人間作業を代替する産業ロボットでは高精度が求められる．

　定型作業の自動化から始まった産業用ロボットは，作業の適応制御，作業経験の学習を経て，自律的に作業できる知能ロボットへと発展してきた（表11.1）[5]．

表11.1　産業用ロボットの歴史

世代	説明
第一世代 1960 〜	あらかじめ定められたとおりの動作を反復する 自律機能をもたないロボット
第二世代 1970 〜	検知情報をもとに行動をある程度修正する機能をもつ 適応制御ロボット
第三世代 1980 〜	作業経験を学習し行動に反映させる学習制御機能をもつ 協調制御ロボット
第四世代 1990 〜	人工知能によって自らの行動を判断・決定し動作できる 知能ロボット

　ロボットには，産業ロボットだけでなくサービス支援ロボットや生活支援ロボットがある．

・サービス支援ロボット

　サービス支援ロボットの役割は，サービス環境における人の作業の代行である．例えば，レストランでは注文した料理を客が待つ席まで運ぶサービスをロボットが代行し，医療サービスにおいては医療チームの一員として協働作業ロボットが導入されている [6]．また，高齢化社会で重要性が高まりつつも人手不足に悩まされている介護現場でも，介護ロボットが導入されている．しかし，介護ロボットの普及に従ってロボット由来の事故も顕在化している [7]．

・生活支援ロボット

　生活支援ロボットの役割は，日常生活で生じるさまざまな雑事の支援である．人と相互作用する生活支援ロボットの例としては日常生活の中でのコミュニケーションや家事支援があり，自律移動しながら部屋を掃除するロボットなどの生活支援ロボットが一般家庭に普及している．

・その他のロボット

　この他，人間と共生するロボットとしてエンターテインメントロボットやコミュニケーションロボットがある．

11.3　ロボットと法制度

　社会にロボットが浸透すると，社会でロボットが守るべき法制度を明らかにする必要が出てくる．また，社会の中でロボットを守るべき法制度が必要になるかもしれない．例えば，動物を保護する動物愛護管理法と同じように，ロボット愛護管理法を制定する必要があるだろうか？

　本節では，まずロボットの権利について説明する．次いでロボットが満たすべき安全性原則を紹介する．また，ロボットは製造物であるから，製造物責任法との関係について考察する．最後に，ELSIの観点から，社会の中でロボットによる活動が人間にもたらすリスクを紹介する．

11.3.1　ロボットの権利

　1950年にアシモフが小説「私はロボット」の中で提唱したロボット3原則がある．

　（第1条）ロボットは，人間に危害を加えてはならず，また人間に危害が加えられるのを見過ごしてはならない

　（第2条）ロボットは，第1条に反しない限り人間に服従しなければならない

　（第3条）ロボットは，第1条と第2条に反しない限り，自身の生命を守

らなければならない

また，生存権，教育権，参政権からなる人権に基づいて「ロボット権」を定義するなら，ロボットがロボット自身の生命を守る権利と教育を受ける権利も定義できる．ロボットが自身の生命を守るロボットの生存権は，アシモフの第1と第3条に相当する．ASPCRはロボットの生存権について，人間とは異なるという理由で人間がロボットを虐待すべきではないと指摘している [8]．この場合，ロボットが虐待されていることをいつどのようにして認識するかという問題がある．そのためには何が虐待なのかを定義する必要がある．また虐待されることをロボットが認識できるということは，虐待をどこまで受け入れるかをロボットが判断できるということでもある．虐待を受容するロボットができれば，それを望む人間が出てくるかもしれない．しかし，ロボットへの虐待が発生した際に虐待した人間をどのように扱うのかという人間社会の法律が今はない．もし人間がロボットを虐待した場合，ロボットが生存権に基づいて人間に対抗すると，アシモフの第1条と第3条の対立が発生すると思われる．

ロボットの教育権はアシモフの第2条に相当するが，ロボットの参政権はアシモフの3原則にはない．いくらでも複製ロボットが製造できることを考えると，ロボットの参政権が認められることはないと思われる．しかしロボットの教育権は認められているから，ロボットの知能が発展した結果人権とロボット権の差についてロボット自身が問題提起する可能性を否定できないかもしれない．

ロボットの権利については，Gunkel [9] が「ロボットに権利はあるのか，もたないのか，もつべきなのか，もたないべきなのか？」について議論が必要だとしている．

11.3.2　ロボットの安全性原則

産業用ロボットの使用について，安全設計，保護措置，および情報要件とガイドラインがISO10218 [10] によって安全性要求事項として規定されている．このロボットの安全性要求事項では，ロボットに関連する基本的な危険について説明しているだけでなく，これらの危険に関連するリスク

を排除または適切に軽減するための要件を提供している．安全性要求事項
の一般原則は以下のとおり [4]．

> 1) ロボットシステム及びロボットセルのインテグレーションは、ISO 10218-2（JIS B8433-2）の要求事項に適合しなければならない。
> 2) 産業用ロボットシステムは、ISO 12100（JIS B 9700）の原則に従って設計しなければならない。即ち、機械の制限の決定⇒危険源の同定⇒リスクの見積り⇒リスクアセスメントを用いて実施し、危険源を除去することが必要である。
> 3) ロボットシステムの設計は、容易に運転・保守ができるように、人間工学の原則に従うべきである。これは、操作性・保守性が良くない場合に、作業者は得てして安全装置を無効化するなどして、危険な領域（例：ロボットの稼働領域）に立ち入り、停止条件を取り除いたことにより、ホールド中だったロボットが急に動き出し、作業者が挟まれる労働災害が度々発生しているからである。

この一般原則は他のロボットの安全な使用にも適用できる．ただし、ISO10218ではロボットを完全な機械として扱っていないことと非産業用ロボットには適用されないことに注意が必要である．

規定された協働作業空間で，人間と直接的な相互作用をするように設計された産業用ロボットが産業用協働ロボットである．産業用協働ロボットシステムとその作業環境の安全要求事項はISO/TS 15066:2016で標準化している．この技術仕様書は産業用協働ロボットシステムとその作業環境の安全要求事項について述べ，産業用協働ロボットの運転に関する要求事項とガイダンスを補完している．

11.3.3 ロボットと製造物責任法（PL法）

ロボットを製造物として見れば，製造物責任法(Product Liability, PL)の適用対象になる．したがって，ロボットの「欠陥」が立証されれば「過失」の有無を問わないでロボットの製造者に「損害賠償責任」が発生する．つまり，ロボットを構成するハードウェア，ソフトウェア，学習システム

に対してPL法が適用されることになる．特に，状況に応じてロボット自身が判断できる自律ロボットの場合，ロボットの設計者があらかじめ意図したロボット行動の範囲を特定・限定できるかが課題になると思われる．

もし，ロボットが設計者の意図を越えた行動をとった場合に，損害賠償範囲をどうするかは難しい問題である．ロボットが運用環境の中で自律的に行動を学習したとすると，ロボットを利用している中で加害行動を学習したとも考えられるから，設計者の意図を越えた利用の下で学習したことが加害行動の原因となる可能性を排除できないだろう．この場合，ロボットの製造者がどこまで責任を負うべきかについて，PL法の新たな解釈や法改正が必要になると思われる．

例えば，自動運転車が事故を起こした場合，① アルゴリズムの設計誤り，② 走行上の道路周辺環境に関する学習データの不足や偏り，③ 周辺環境を検知するセンサーの誤認識などの原因が考えられる．したがって，現行のPL法の範囲でこれらの欠陥原因を扱うことができるかできないかが争点になるだろう．

ロボットの自律的判断機能や学習機能についてはAIを用いることから，AI関連の法制度の進展がロボット関連のPL法に影響する可能性がある．また，ロボットの欠陥箇所がハードウェア，ソフトウェア，学習機構のどこであるかによって，ロボットのリコール対応が変化することになる．これは，ソフトウェアや学習機構についてはネットワーク経由で欠陥を修復できる可能性があるためである．

11.3.4　ロボットとELSI

7.3節でも記したように，あらゆる技術の開発では社会で実用に供される前にEthical, Legal, and Social Issues (ELSI) を考える必要がある [11].

定義　ELSI

倫理的な問題，法的な問題，そして社会的な問題.

ELSIの課題への対応はリスクマネジメントと同等である [11]. ロボッ

トのELSIについて考えるためには，ロボットがもたらす倫理的，法律的，社会的なリスクを識別して対応する必要がある．特に，ロボットのような先端技術については法律が未整備であることが多いため，製造企業の倫理的態度が問われる．さらに，ロボットの行動とその結果に対してロボットを非難できるかという「道徳的行為者性」の問題がある[12]．

ここで，道徳的な行動，推論，判断および意思決定の能力をもつ道徳的行為の主体がもつ特性が道徳的行為者性(Moral agency)である．これに対して，道徳的行為の対象が道徳的にどのように扱われるべきかを示す特性が道徳的被行為者性(Moral patiency)である．もしロボットに道徳的行為者性があれば，行為の結果にロボットが責任をもつ必要がある．

人間の行為者間には相互作用がある．被害を受けたり，よいことをされたりした人がもつ態度・反応には，感謝・怒り・許し・愛・精神的苦痛等がある[13]．ロボットが道徳的行為者であれば，人間と同様にロボットにも感謝・怒り・許し・愛・精神的苦痛があるのだろうか？　ロボットが苦痛を認識できなければ，人間に対して苦痛を与えないような行為を抑制することも難しいだろう．

11.4　ロボット開発における情報倫理

ロボットを開発する場合，開発したロボットの動作が倫理的であることが望ましい．倫理的行為を遂行するために必要となるロボットの行動規範として，サービスロボット，ソーシャルロボット，ケアロボットについてロボット倫理とその課題を説明する．次にロボットの安全性について，工場内の協働ロボットやサービスロボットの例を説明する．さらに，人間の感情を誘引するケアロボットなどにおける情報倫理について説明する．

11.4.1　ロボット倫理と課題

IEEEのロボット工学と自動化についての専門家協会[14]によるロボット倫理の定義は以下のとおり．

定義　ロボット倫理

　ロボット技術，特に自律型ロボットの倫理的意味と結果を理解することを目的として，応用倫理学とロボット工学のほぼ交差点に位置する，成長を続ける学際的な研究活動．

　ケアロボットなどのサービスロボットやエンターテインメントロボット，ソーシャルロボットなど人間と対話するロボットがロボット倫理の重要な分野である．

・サービスロボット

　人と接触するサービスロボットには，私的な会話や親密な瞬間をロボットが撮影してよいか，音声画像データはどこに行くのか，ロボットとの接触は安全なのかなどの倫理的課題がある．例えば，ケアロボットの倫理的課題には，セキュリティ問題，労働問題，責任問題，相互作用問題がある．

・ケアロボット

　ケアロボットのセキュリティ問題では，ケア対象である患者の個人情報が記録されることから，プライバシー保護，個人監視，情報の所有権などの課題がある．労働問題には，介護従事者の雇用が奪われる，介護従事者の賃金低下，介護品質の低下などがある．また，責任問題には道徳的行為者は誰か，ロボットの監視責任をどうするか，ロボット開発者の責任をどうするかなどがある．そして相互作用問題には，個人ロボットが人を欺いてはいないか，ジェンダー問題を生んでいないか，感情面で暖かいケアを提供できるか，個人差の考慮が必要ではないか，個人の尊厳を尊重できるかなどがある．

・ソーシャルロボット

　ソーシャルロボットの例に，PARO, aibo, JIBO, Pepperなどがある．1993年開発に着手したタテゴトアザラシの赤ちゃんがモチーフのメンタルコミットロボットPAROは，世界で最もセラピー効果があるロボットとし

て2002年にギネス認定された [15]．1999年にソニーが開発した犬型ペットロボットがaibo[16]，2014年MIT Media Labが開発した子どもに物語を聞かせるなど，世話をする世界初の家庭用ロボットがJIBOである．そして2015年ソフトバンクが開発した人型コンパニオンロボットがPepperである．

ソーシャルロボットの主な倫理問題は，次の2点である．

① 動物ではない動物型ロボットが動物であるかのように装うことで人間をだましていると言えるのではないか．

② 相互作用過程で人間行動を記録できることから，プライバシー情報が漏洩する可能性がある．

・行為の主体は人間かロボットか

ロボットの倫理では，行為の主体が人間かロボットかによって異なる判断が必要になる [12]．まず人間や他の存在（動物，場合によってはロボット）に利益をもたらすために，人間がロボットをどのように使用し，対話し，開発すべきかが重要になる．このとき，人間が道徳的行為の主体でありロボットは人間の目的を実現する手段である．また，手段としてのロボットを人間が倫理的に扱う必要がある．これに対して，道徳的行為主体としてのロボットでは，人間に対する行為を遂行するロボット内部で倫理を制御する下位システムが倫理的である必要がある．

このように，ロボットの倫理を考える場合，ロボットと人間のどちらを主体にするかで立場が異なる．つまり，人間がロボットに対して倫理的に行為を遂行するのか，ロボットが倫理的行為を遂行するシステムを内蔵するのかで異なるロボット倫理が必要になるということである．

図11.2は，ロボットに行為を要求したときロボットが実行する行為の善悪を判断できるかという問題と，ロボットの行為に対して自分がどのように反応するかということを示している．

ロボットがユーザーを気にかけているように振る舞うことによりユーザーの感情的な反応を引き出す点は，AIチャットボットと同じである．ロボットと人間が互いに道徳的行為者と被行為者としてネットワークを形成する．チャットボットの場合は言語行為だけだが，ロボットの場合は動作を伴う

コミュニケーション行為が発生する．この点がチャットボットとの違いである．

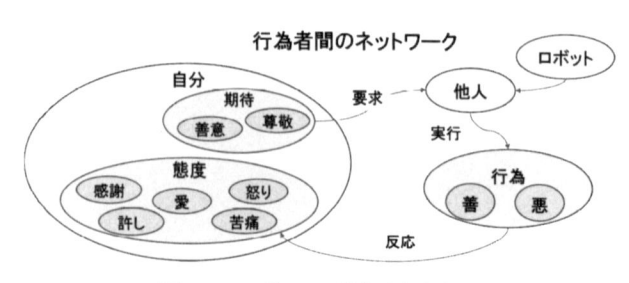

図11.2　ロボットの道徳的行為者性

11.4.2　ロボットと安全

安全な産業ロボットシステムを設計する以下の方法を厚生労働省が提示している [4].

まず，アプリケーションの要求仕様やシステムの設置条件を確認し，要求仕様や設置条件に合致するようにロボットシステムの構想設計を実施する．次に，構想設計したロボットシステムに関する危険源，危険状態，危険事象を洗い出し，それぞれのリスクを見積もる．リスクが許容できない危険源については，許容できるリスク以下となるようなリスク低減方策を検討する．詳細設計では，リスクに応じた適切な低減方策により許容できるリスク以下とする．最後に，すべての危険源が許容できるとき，ロボットシステムは安全であると見なす．リスク低減方策として制御による方策を安全関連システムに適用する場合，安全関連システムの要求安全度水準を求め，これに適合するように制御システムを設計する．

この産業ロボットシステムの安全設計法では，産業ロボットが動作する環境の下で危険源を識別することを前提にして，危険源に対するリスク低減対策を設計している．この考え方はサービスロボットやソーシャルロボットの機能安全設計にも適用できると考えられる．倫理的安全性の概念を明確化するとともに，ロボットの倫理的安全設計法の具体化が必要である．

●事例　自動運転EVによる事故

　東京2020オリンピック・パラリンピックの選手村ではトヨタの自動運転技術を用いた電気自動車(EV)「eパレット」が走行しており，このeパレットと接触した選手が怪我をする事故が発生した．eパレットは表11.2に示す自動運転レベルの2から3の状態で運行していたため，事故の責任はeパレットではなく人間側にあると判断された．

表11.2　自動運転レベル

レベル	運転自動化	運転主体	走行領域
1	運転支援	人	限定
2	部分的	人	限定
3	条件付き	システム	限定
4	高度	システム	限定
5	完全	システム	無限定

11.4.3　ロボットと感情

・ロボット開発は非倫理的行為なのか

　ソーシャルロボットについては，人とロボットとの関係が人間や動物との関係と同じだという幻想に誘導することになるから，人を慰めるロボット開発は「非倫理的行為」だという批判がある．しかし，ロボットが心をもっていると人々が信じているわけではない．

　逆に，心をもたないロボットが人々を欺く心があるとは言えないという反論がある．また，幻想を提供することは，必ずしも非倫理的行為とは言えない．例えば，テーマパークは幻想を提供する施設だが，非倫理的だと非難する人はいない．同様に，幻想を提供する人形やぬいぐるみを非倫理的だと批判する人もいない．

　さらに，人間には他者が自分に向ける表情や振舞に敏感に反応するという社会的本能がある．例えば，SNSが提供する「いいね」の数をどれだけ獲得するかに一喜一憂する承認欲求が強い人がいる．人間の認知と感情の仕組みを利用するSNSの「いいね」ボタンを提供する機能が非倫理的であるかどうかの議論が必要である．

・道徳文法と倫理エンジン

　ロボット倫理を実装するために，可能な選択肢の中から最も合理的なものを選択するアルゴリズムとして，道徳判断を生成する「道徳文法 (moral grammar)」が提案されている [17, 18]．道徳文法は基礎的な道徳的概念と複数のルールの組み合わせからなる．

　道徳文法のルールは，自己利益を求めるプレイヤが「協力行動」を生み出すゲーム理論の戦略に似ている．例えば，意図的な危害に対する非難感情と公平な分配に対する是認感情に基づいて，「やられたらやり返す」しっぺ返し戦略を定義できる．

　一方でLeben[17] は，可能な選択肢の中から最も合理的なものを選択するアルゴリズムとして，倫理を実装する「倫理エンジン」を提案している．倫理エンジンでは，「全体の被害を最小限にとどめる」戦略よりも「生じる被害の中でも最大の被害を最小化する」戦略を選択する必要があるとする．倫理エンジンの応用例として，病気や怪我の診察を行う医療ロボットや災害時に治療を要する患者を救出するロボット，警察，裁判官，兵士などの役割をもつロボットが紹介されている．

　道徳文法では，ロボットに相互行為する道徳的行為者性をもたせることにより人間とロボット，ロボットとロボットからなる行為者間のネットワークの中でどのように振る舞うかを制御することができる．つまり道徳的判断を抽象的な文法規則として表現できることから，道徳文法を用いて倫理エンジンの道徳的判断を実行するアルゴリズムを作成できる可能性がある．今後，倫理エンジンを実装したロボットが具体的な環境の中で，危険源に対してリスク対策が実装できることを実証的に評価する研究が必要である．

11.5　ロボット間相互作用の情報倫理

・自律移動ロボットの協同作業

　工場や倉庫，配送センターなどの環境では，複数の異なる自律移動ロボット (Autonomous Mobile Robot, AMR) が協働作業する必要がある [19]．

　多様なロボットが状態情報や運用上の規約を共有することで，倉庫内や工場内での連携作業を実現できる．例えば，相互運用性を実現することによって，対象物を掴んで指定場所に置くピックアンドプレース機を導入している倉庫が他社のAMRを購入した場合，他社ロボット間で業務統合できるようになる．この業務統合により，システム間の情報共有が可能になり，安全性を向上できる可能性がある．この場合，個別ロボットの安全性だけでなく，ロボット間相互作用に対する統合安全性を定義して評価確認する必要がある．

　このように競合他社のロボットとの間でシームレスな連携を可能とするために，自律移動ロボット相互運用性標準が提案されている [20]．多様なロボットが状態情報や運用上の規約，すなわち「交通規則」を共有することで，倉庫内や工場内での連携作業を実現できる．相互作用の対象には以下のようなものがある．

・近くのロボットの認識・理解
・ロボット間での基本的な情報共有(資産管理，フロア管理)
・タスク情報の共有，一貫したタスクの割り当て
・可用性とロボットの能力の表示
・立ち入り禁止エリアと安全操作ゾーンの伝達方法

　AMRは，相互運用性という共通目的のためにロボットが協調連携できる例である．

<例　自動運転車>

　自動運転車を例にとると，運転レベルが異なる自動車が道路上で相互作用することになる．したがって，自動運転車では工場や倉庫内などの限定された環境内での同等機能のAMR間の相互作用よりも困難な相互作用が必要になる．

　また，日本では道路交通規則を守らないドライバーによる「あおり運転」が大きな問題になっている．人間が制御しない完全自動運転車が「あおり運転」にどのように対応するかを考える必要がある．もし，「やられたらやり返す」戦略を完全自動運転車が実装していたら，「あおり運転」でやり返すことが予想されるため，事故になる可能性がある．また，完全自動運

車がレベル4以下の自動運転車の走行を「あおり運転」だと誤認識する可能性もゼロではない．この場合，「あおり運転」していない自動車に完全自動運転車が「あおり運転」をしかける可能性がある．「あおり運転」とはどのような行為なのかを定義して，自動運転車には，このような行為を禁止する制御が必要である．

・今後のロボット間相互作用

　今後，ロボット間相互作用が必要になることは明らかである．この場合，ロボットごとに相互作用機能を実装するのは経済的ではない．したがって，どのロボットにも共通で導入できる相互作用コンポーネントが必要になる．相互作用コンポーネントがあれば，ロボットが効率的に相互作用できる．

　さらに，ロボット間相互作用コンポーネントを発展させればロボットへの倫理OSの登場が期待できる．倫理OSでは，ロボットの道徳的行為者性を実現する倫理エンジンを中核として，倫理的判断，外部環境の認識，道徳的行為などの証跡を記録しておき，必要があれば行為の倫理性に対する説明責任を遂行できる．倫理OSの主な機能は以下のとおりである．

　【外部環境認識】外部環境の道徳的行為者による行為を認識

　【倫理的判断】外部環境における道徳的行為に関する倫理的計算を実行

　【道徳的行為】倫理的計算結果に基づき，実行可能な道徳的行為を選択

　【倫理証跡の管理】道徳的行為で必要な履歴証跡を管理

　【説明責任遂行】道徳的行為者性を倫理証跡に基づき保証

　このような倫理OSを搭載したロボットでは，ロボットの道徳的行為者性を保証できることだろう．また，ロボットの道徳的行為者性を保証するためには，上述した倫理OSに相当する機能をロボットに実装しておく必要がある．さらに，倫理証跡にはロボットの挙動についてのすべての情報が蓄積されるので，十分なセキュリティが必要である．

参考文献

[1]　IEEE, What Is a Robot?
　　　https://robots.ieee.org/learn/what-is-a-robot/（2025年2月5日参照）

[2]　新エネルギー・産業技術総合開発機構「NEDO ロボット白書2014」,2014.3

[3] 日本工業規格 (JIS)，産業用マニピュレーティングロボット- 用語, 1100番, JIS B 0134-1998.

[4] 中央労働災害防止協会「機能安全活用実践マニュアル ロボットシステム編 平成 29年度厚生労働省委託 機能安全を活用した機械設備の安全対策の推進事業」 https://www.mhlw.go.jp/file/06-Seisakujouhou-11300000 -Roudoukijunkyokuanzeneiseibu/0000197860.pdf（2025年2月5日参照）

[5] 井上博允：知能ロボットに関する最近の研究動向，『計測と制御』，第35巻，第4 号, pp237-242 (1996). https://www.jstage.jst.go.jp/article/sicejl1962/35/4/35_4_237/_pdf（2025年2 月5日参照）

[6] Nicole Kobie, The robots of the future are already among us, WIRED, 2021.3.18 https://www.wired.co.uk/article/robots-in-the-workplace（2025年2月5日参照）

[7] 木崎健太郎「急拡大の介護ロボで事故発生、安全利用に向けた情報共有が急務に」 日経XTECH, 2021.8.25 https://xtech.nikkei.com/atcl/nxt/column/18/00001/05930/（2025年2月5日参照）

[8] ASPCR American Society for Prevention of Cruelty to Robots http://www.aspcr.com/（2025年2月5日参照）

[9] David Gunkel, Robot Rights, MIT Press (2018).

[10] ISO 10218-1:2011, Robots and robotic devices - Safety requirements for industrial robots - Part 1: Robots (2011).

[11] 辰己丈夫：電子情報通信技術をめぐる「ジレンマの認識と ELSI」を学ぶ，『電子情報通信学会誌』，Vol. 106, No. 3, pp.189-193 (2023).

[12] Mark Coeckelbergh, AI Ethics, 直江清隆 訳者代表：『AIの倫理学』，丸善 (2020).

[13] 久木田水生，神崎宣次，佐々木拓：『ロボットからの倫理学入門』，名古屋大学出版会 (2017).

[14] IEEE Robotics and Automation Society https://www.ieee-ras.org/（2025年2月5日参照）

[15] 知能システム「セラピー・ロボット、介護の未来を考える」 https://unit.aist.go.jp/ipaspro2023/tmb/interview09.html（2025年2月5日参照）

[16] Forbes JAPAN 編集部「ソニー aibo 人気と地域連携 オーナーの心を掴んで離さないワケ」Forbes Japan, 2023.7.8 https://forbesjapan.com/articles/detail/64383（2025年2月5日参照）

[17] Leben, D.，Ethics for Robots: How to Design a Moral Algorism, Palgrave, 2018.

[18] 岡本慎平「ロボットが「倫理」を実装するとき」RAD-IT21 WEB マガジン, 2019.3.18 https://rad-it21.com/ai/sokamoto20190318/（2025年2月5日参照）

[19] Greg Nichols「需要高まる自律型移動ロボット（AMR），新たな相互運用標準で現場の運用を効率化へ」ZDNET Japan, 2021.7.24 https://japan.zdnet.com/article/35173743/（2025年2月5日参照）

[20] ANTdriven, MassRobotics Autonomous Mobile Robot Interoperability Standard

https://insights.antdriven.com/massrobotics-amr-interoperabilty-standard
（2025年2月5日参照）

第12章
ゲームと情報倫理

12.1　ゲームにおける情報倫理の必要性

1983年に発売された任天堂の家庭用ゲーム機は，40年で世界販売累計約6200万台に達した．2022年には世界ゲーム市場は22兆円，国内市場は2兆円に成長した．国内のゲームアプリユーザーは4231万人になっている[1].

ゲームが社会に浸透することで，ゲームがもたらす人間行動への影響が大きくなった．ゲーム内の人間行為が現実の人間社会に影響すると仮定すると，ゲームを制作するゲーム会社には社会的責任が生じる．またゲームを利用する人間がSNSなどでゲーム情報を公開することで，ゲームを買わなくてもゲームの内容を知ることができる可能性がある．ゲーム利用者のこのような行為がゲーム会社の利益を棄損することになる．さらに，オンラインゲームではゲームの利用履歴が収集・蓄積されるから情報漏洩リスクがある．

したがって，ゲームユーザーとゲーム会社にとってどのような情報行為が倫理的なのかを考える必要がある．

以下ではまず，ゲームが社会と人間にもたらす変化について説明する．次に，ゲームと法制度の関係を紹介する．さらに，ゲーム開発における情報倫理について述べる．

12.2　ゲームがもたらす社会変化

ゲームが社会にもたらす変化には，肯定的な側面と否定的な側面がある．肯定的な側面には，問題解決能力やチームワークによるコミュニケーション能力の向上などがある．否定的側面としては，認知能力への悪影響，社会的不適応や反社会的行為表現などの悪影響，青少年への悪影響など国境を越えたものがある．

ゲームがもたらす肯定的側面の例として，ゲーミフィケーションおよびデジタルツインのユーザーインタフェースでのゲームエンジンの活用を紹

介する．また，ゲームがもたらす否定的側面の例として，コンプガチャ，ゲーム障害，不適切交流を紹介する．

12.2.1　ゲーミフィケーション

　ゲーム関連の要素をゲーム以外のコンテキストに適用するゲーミフィケーション (Gamification) が関心を集めている [2]．反復的で単調なタスクに，遊び心のある体験をゲーミフィケーションが提供することで，退屈なシナリオをよりやる気にさせ，魅力的にすることができる．ビジネス領域でのゲーミフィケーション活用例として，ネットショップでの売り手と買い手の星評価や，アプリのダウンロードを完了するまでの状況を表示するプログレスバーなどがある．

　Ford 社は，認定の加速と学習意欲の向上を目的として営業およびサービス担当者向けのゲーミフィケーションを提供している．Cisco 社ではソーシャルメディア訓練のためのゲーミフィケーションを提供しており，多様なビジネス分野向けコースを提供し，3 段階の認定レベル（スペシャリスト，ストラテジスト，マスター）で訓練できる．これまでに数千コースの受講実績があるとのことである．Deloitte 社では経営層向けの研修をゲーム化して，コース修了の迅速化や専門家の選定などの効果を得ている．

　ゲーミフィケーションの主な要素はフィードバック，ゴール，バッジ，ポイントシステム，リーダーボード，ユーザーレベルである．

　【フィードバック】進行状況や失敗を常に認識させるため，リアルタイムに通知する．

　【ゴール】解決すべき課題とされる活動目標を明確に提示する．

　【バッジ】中心的活動の範囲外のオプションである報酬と目標を明示する．

　【ポイントシステム】アクションを完了したことに対する報酬を提供する．

　【リーダーボード】競争を通じて望ましい行動を推進するために，行動を追跡・表示する．

　【ユーザーレベル】時間の経過に伴う全体的なゲーム体験におけるユーザーの習熟度を表示する．

　また，ゲーミフィケーションの効果は操作性，信頼，動機である [2].

【操作性】ゲームレベルの難易度を段階的に制御することにより，ユーザーがより高いレベルに到達することでより多くの機能を習得できるように，新規ユーザーを支援できる．

【信頼】ユーザーが共同でタスクを解決するために達成するバッジは，共有された所有権の感覚を生むことができる．また，ユーザーが仮想商品を他のユーザーと共有・提供できるようにすることで社会的相互作用をさらに高めることができる．さらにユーザー間の相互作用が改善されるにつれて，相互信頼の風土を醸成できる可能性がある．

【動機】本質的なゲーミフィケーションの中心的な考え方が動機であることから，情報の収集とシステムの新しい使用方法の開発に努力するように，ユーザーを動機付けることができる．

12.2.2　ゲームエンジン

国土交通省が進める3D都市モデル整備・活用・オープンデータ化プロジェクトPLATEAU（プラトー）[3, 4, 5] では物理空間と仮想空間をつなぐ3D都市モデルの開発を進めており，この3D都市モデルを見える化するためにゲームエンジンを活用できる．例えば，東京都西新宿エリアを対象として3D都市モデルを活用した歩行者行動シミュレーションを実施・分析・可視化することで，平常時・イベント実施時等における施策の検討や検証としてゲームエンジンUnityで3D都市モデル内を探索できる [6].

建築エンジニアリング分野で事業展開するフィンランドのSitowise社は，持続可能な日常生活基盤を提供するために，スマートシティのデジタルツインをUnityで可視化することによりリアルタイムにシミュレーションする環境を構築している [7]．これにより，仮想空間上で物理的にテストや確認ができるようにしている．

さらにUnityはスマートシティだけでなく「ポケモンGO!」などのゲームや航空宇宙，ロボティクス分野でも活用されている．また，シューティングゲーム用Unrealエンジンも建築・都市・自動車・航空など幅広い産業に適用されている [8].

12.2.3　コンプガチャ

　ゲームには，ゲーム内でプレイヤがアイテムを入手することで優位にゲームを進めることができるものがある．アイテムを入手するための仕組みとして「ガチャ」がユーザーに提供されている．「ガチャ」でどのアイテムを入手できるかは偶然に左右されるため，目指す複数種類のアイテムをすべて獲得（コンプリート）するまで，1回数百円程度の「ガチャ」のための課金が何回も必要になる．目的とする複数種類のアイテムをすべて獲得すると，特別な報酬として希少なアイテムを獲得できる．これを「コンプガチャ」と言う．射幸性が高い「コンプガチャ」を導入した結果，一部のユーザーが高額な課金を請求されるトラブルが続出した [9].

　中毒状態に陥ったヘビーユーザーをゲーム業界が食い物にするという醜い構図があるとも言われており，ゲーム業界では月に数万円もアイテムに使うような，ゲームにのめり込んだユーザーを「ハイジン課金者」と呼んで，彼らにできるだけ長くゲームを続けさせることで利益を追求している企業もあるようだ．プレイヤ側は「ハイジン課金者」にならないように注意が必要だ．

12.2.4　ゲーム障害

　世界保健機関WHOはゲーム障害を次のように定義している．

定義　ゲーム障害(Gaming disorder)
　下記症状が十二か月以上続いている場合を指す．
・ゲームをすることを他の日常生活の活動よりも優先してしまう．
・個人・家族・社会・教育・職業といった場面で，非常に重大な問題を発生させている．

　また，人がソーシャルゲームにはまる理由は，人間が他者との関わりを求める社会的な存在だということにある．つまり，人は集団の一員でありたいという本質的な欲求があるので，人との関わりを提供してくれるソーシャルゲームのコミュニティやフレンドが，集団の中での自分の居場所に

なりやすい．ソーシャルゲームの環境では，プレイヤ同士が『協力』し合ったり『尊敬』されたりという，一般社会では得られにくくなった人間関係の刺激を得られることも多い．ソーシャルゲーム内では，楽しい体験が反復する強化刺激が生まれる．

定義　強化刺激

　行動を強化して増やしていく刺激．

　強化刺激には，反復によりますますはまって習慣となる悪循環が形成される傾向があるので，注意が必要である．

　また，ゲームのアバターに自分を投影したり同一化して，目的をもつことができたり成長や達成感を得ることができる．現実社会の中では，目指すべき目的を具体化して達成感を得ることは容易ではない．ところが，ゲームの中では目的が明確で，課金して強力なアイテムを入手すれば着実に成長できる．そのため非現実的なゲームの世界に没頭する人が増えることになる．現実社会では能力を獲得するために努力も時間も必要だが，ゲームでは課金すれば努力も時間もなく簡単に獲得できる．課金すればゲーム内で上位になり，他のプレイヤから尊敬や賞賛を集めることでさらに快感が高まり，強化刺激の悪循環から抜け出せなくなる．こうして，能力を高めるタイプのゲームでは，課金すればするほどゲームから抜け出せなくなる．課金の罠から逃れるためには，切り捨てる「切断機能」が必要である．ゲームのアイテムに課金して数百万円を使い込んで生活が破綻した人や，スマホゲーム課金に毎月4〜5万円を使ってしまい消費者金融で百数十万円の借金を抱えたことから強盗事件を犯した人までいる．

　ゲーム依存症にかかっている人の脳を調べると，衝動を抑えるブレーキとしての『前頭前野』の機能が低下していて好きなことを好きなだけする「暴走脳」に変化している [10]．「暴走脳」では，オンラインゲームの画像や広告を見せただけでゲーム時の興奮がよみがえり前頭葉が活性化している．

　また，スマホゲームの負の側面の一つとして，他の依存症と比べて時間損失がかなり高いことがある．ゲームに熱中すると，スマホを手から離せ

ない「スマホ・ネット依存」となり脳に悪影響を与え，攻撃になってしまい人格障害のような言動が増加するとされている．

12.2.5　MMORPGsでの不適切な交流

大規模多人数同時参加型オンライン・ロールプレイング・ゲーム Massively Multiplayer Online Role-playing Games (MMORPGs) では，プレイヤ同士のコミュニケーションやコラボレーションを促すチャット機能やゲーム内のアカウントとSNSとのリンク機能などがあり，「プレイヤ同士の交流」がゲーム体験の中心になっている．

MMORPGs上の交流の問題は，ゲーム上の適切な交流なのか，不正な意図などを含んだ不適切な交流なのかを見分けにくいことである．MMORPGsでの被害事例には，① アイテムや貨幣の収集,② アカウント情報の改ざんや紛失,③ ハラスメント,④ コンテンツの露出,⑤ アカウントの漏洩がある[11].

① アイテムや貨幣の収集

プレイヤの心理を巧みに突いて「ゲーム内アイテム」や「ゲーム内貨幣」を不正な方法で収集されることがある．また，アイテムや貨幣の取引に「現実通貨の売買による取引」が絡んでいる場合，プレイヤに実際の金銭的損失が発生してしまう．

② アカウント情報の改ざんや紛失

自分たちのアカウント情報が搾取されたり，オンライン上にさらされたりする被害が発生する．紛失したアカウント情報やゲーム関連のデータを取り戻すことは困難である．

③ ハラスメント

プレイヤが執拗に追い回される嫌がらせが繰り返され，最終的にはログアウトやアカウント削除を余儀なくされて，オンラインゲームの体験が奪われることになる．

④ コンテンツの露出

未成年への表現が制限されているような性的・暴力的で不適切な内容を

含んだコンテンツを未成年のプレイヤに露出される.

⑤ アカウントの漏洩

　プレイヤのアカウント情報がSNSアカウントとリンクしている場合など,アカウントの詳細がサイバー犯罪者たちに収集される.

　このような被害をもたらすMMORPGsの悪意のあるプレイヤとして,犯罪プレイヤ,フィッシングプレイヤ,グリーファーがいる.

　犯罪プレイヤは,ゲーム内での取引の際に他のプレイヤに詐欺行為を行う不正プレイヤである.プレイヤ同士のやり取りの中で,「金銭的に魅力のある特典」や「低価格で入手できる珍しい品」といった取引を持ちかけ,他のプレイヤに金銭的に大きな損失を発生させる.

　フィッシングプレイヤは,他のプレイヤたちからアカウント情報を入手しようとする不正プレイヤである.オンラインゲームの管理者になりすまし,「無料の記念品を提供しますので必要事項をご記入ください」などと,他のプレイヤからアカウント情報を入手する.メッセージ内に含まれるリンクをクリックしたプレイヤは,特定のWebサイトに誘導され,入力したログイン情報が窃取される.

　グリーファーは,オンラインゲームで他のプレイヤに嫌がらせ(grief)するプレイヤである.ゲーム中での嫌がらせは不適切な問題行動である.不適切な言葉や画像等のコンテンツがプレイヤにさらされる点で大きな問題に発展する.

12.3　ゲームと法制度

　ゲーム企業に関連する法制度として,景品表示法,知的財産保護法(著作権侵害),独占禁止法,労働基準法,著作権法,米国のCOPPA(Children's Online Privacy Protection Act)規制,我が国のCERO(ゲームソフトの表現内容に基づき,対象年齢等を表示する制度Computer Entertainment Rating Organization)などがある.

本節では，ゲーム企業がこれらの法制度に違反した事例のいくつかを紹介する．

12.3.1 景品表示法

●事例　景品表示法違反

2012年，消費者庁はD社などのゲーム事業者が実施している「コンプガチャ」を景品表示法第4条に違反する「カード合わせ」と認定した [12]．

「コンプガチャ」は廃止されたものの，それに類似した射幸心を煽る課金システムは継続した．

12.3.2 労働基準法

●事例　労働基準監督署の是正勧告

『星のカービィ』シリーズ，『ニンテンドウオールスター！大乱闘スマッシュブラザーズ』などを制作したハル研究所が，2022年に労働基準監督署の是正勧告を受けた．勧告内容は，テレワークをしていた従業員に対する時間外手当および深夜手当の未払いである．是正勧告の経緯は以下のとおりである [13]．

・2021年の緊急事態宣言の際に，Aはテレワークを命じられた．

・定時では終わらないことも日常茶飯事の労働環境で，会議や打ち合わせが定時外に指定されることも当たり前だった．残業で業務を処理していたが，在宅期間中は定時申請しかできず残業時間の入力を棄却された．

・ハル研側は「在宅勤務中は残業禁止という命令を確かにしており，『事業場外みなし勤務制度』を適用していたため，支払う必要はない」と主張した．一方でAさんは「そんな命令は一切聞いていないし，就業規則にも契約書にも書かれていなかった．仮に残業禁止だったとしても，とても定時で終わる量ではないタスクを抱えていた」として，自身で記録していた正確な勤務時間を基に労働基準法第37条違反を労基署に申告した結果，労基署の臨検（立ち入り検査）が入った．その結果，労基署はハル研に是正勧告を下した。

12.3.3　児童オンラインプライバシー保護法(COPPA)

児童オンラインプライバシー保護法(Children's Online Privacy Protection Act, COPPA)は，米国連邦取引委員会(Federal Trade Commission, FTC)による規制であり，具体的には次のとおりである[14].

子ども向けのWebサイトまたはオンラインサービスの運営者，または子どもから個人情報を収集または保持していることを実際に知っている運営者が，以下の規定に違反する方法で子どもから個人情報を収集することを違法とする.

(a) Webサイトまたはオンラインサービス上で，子どもからどのような情報を収集するか，その情報をどのように使用するか，およびそのような情報の開示慣行について通知すること.

(b) 子どもから個人情報を収集，使用，および/または開示する前に，検証可能な保護者の同意を得ること.

(c) 親が子どもから収集した個人情報を確認し，それ以上の使用または維持の許可を拒否するための合理的な手段を提供すること.

(d) 子どものゲームへの参加，賞品の提供，またはその他の活動に，その活動に参加するために合理的に必要とされる以上の個人情報を子どもに開示する条件を付けないこと.

(e) 子どもから収集した個人情報の機密性，安全性，完全性を保護するための合理的な手順を確立および維持すること.

企業がCOPPAの規則に準拠しているかどうかを判断するための6段階の手順は以下のとおり.

（手順1）13歳未満の子どもから個人情報を収集するWebサイトまたはオンラインサービスであるかどうかを企業が確認

（手順2）COPPAに準拠したプライバシーポリシーを掲載して説明

（手順3）子どもから個人情報を収集する前に，保護者に直接通知

（手順4）子どもから個人情報を収集する前に，保護者の検証可能な同意を取得

（手順5）子どもから収集した個人情報に関する親の継続的な権利を尊重

（手順6）子どもの個人情報のセキュリティを保護するための合理的な手

順を実施

●事例　FTCによるエピック・ゲームズへの申し立て

FTC [15] によると，人気オンラインビデオゲーム「フォートナイト」を
運営するエピック・ゲームズ社はあらゆる年齢層の親やゲーマーに不要な
アイテムの代金を請求し，クレジットカード会社と不当な請求に異議を唱
えた顧客アカウントをロックしていた．

ゲーム内購入に関するFTCの申し立てを解決するために，エピック・
ゲームズ社は2億4,500万ドルの支払いに同意した．FTCは和解金を使っ
て同社の請求と返金慣行の影響を受けた米国のフォートナイトゲーマーへ
の返金を行うこととした．

12.3.4　著作権法

日本コンテンツの海外展開の促進と海賊版対策を目的に，経済産業省と文
化庁の呼びかけによって設立された民間団体がコンテンツ海外流通促進機
構 (Content Overseas Distribution Association, CODA) である [16]．
CODAによれば，ゲームメーカー各社や各ゲームで定めたガイドラインな
どに従った内容であればゲームプレイ動画をアップロードすることができ
る場合があるが，「無許諾でのアップロードは著作権侵害行為」である．

●事例　ゲームプレイ動画配信

YouTubeでゲームプレイ動画やアニメを権利者に無断でアップロード
していた男性が2024年5月17日，著作権法違反の疑いで宮城県警に逮捕
された [17, 18] ことをCODAがホームページで明らかにした．

著作権法違反の疑いで逮捕された被告人男性に対して，懲役2年・執行
猶予5年・罰金100万円の有罪判決が言い渡された．男性は起訴内容を認
め，著作権を侵害することは分かっていたが，金銭目的で投稿を続けてし
まっていたと供述した．

本件は，ゲーム内容や結末（ネタバレ）を含む動画を権利者に無許諾で
投稿し，著作権侵害行為の上で多くのアクセスを集め，広告収益を不当に

得ていた悪質な事例である.

12.4　ゲーム開発における情報倫理

　ゲーム開発者の倫理観が問われた事件として，射幸性が高い「コンプガチャ」（12.2.3項参照）を導入した結果，一部の消費者が高額の課金を請求されるトラブルが続出した．この背景には，中毒状態に陥ったヘビーユーザーをゲーム業界が食い物にするという構図がある.

　また，人気ゲームの更新情報が事前に漏洩する，IDとパスワードの漏洩によりゲーム内のアイテムが流出する，ゲームサイトへのランサムウェア攻撃などがある.

・CESAの基本理念

　一般社団法人コンピュータエンターテインメント協会COMPUTER ENTERTAINMENT SUPPLIER'S ASSOCIATION (CESA)の倫理規定における基本理念は以下の4項目である [19].

> 1. あらゆる人種、民族、風俗、習慣、宗教、国民感情を尊重する。
> 2. 民主主義の精神に反する思想は否定し、軍国主義、戦争などを正当化しない。
> 3. 基本的人権を尊重し、特定の個人や団体の権利、自由を侵害するような表現はしない。
> 4. 憲法、法律その他全ての法規を順守し、これらに反する行為の表現は慎重に肯定的に表現をしない。

・CESAの倫理規定

　CESAによる倫理規定第1条通則は，以下に示す7項目である [19].

> 1. 本規定の適用や解釈にあたっては、それが表現行為に対して抑制的な効果をもちうるものであるため、慎重になされるものとする。

2. 本規定の適用にあたっては、問題となる表現をそれのみ取り出して見るのではなく、全体の文脈の中で判断するものとする。

3. 表現は常に社会的な価値観の変化とともに変化するものであり、本規定の適用や解釈にあたっては、そうした事情が考慮に入れられるものとする。

4. 販売手法や宣伝手法の変化など、本規定が作成された当時とは異なる環境において本規定が適用される場合には、そうした変化についても考慮が払われるものとする。

5. 本規定に照らして一見問題ありとされる表現であっても、そうした表現物が持つ対抗的価値観や芸術性を比較考慮のうえ、最終的な判断が下されるものとする。

6. 本規定は隠しコマンドや裏技における表現、タイトル、同梱される印刷物、パッケージ、広告、販促物に対しても適用される。

7. 本規定に定めがない場合であっても著しく社会通念に反するとCESA倫が判断する場合には、本規定に準じた扱いがなされうる。

・IGDAの理念

国際ゲーム開発者協会(International Game Developers Association, IGDA) の理念は以下の3点である（原文は英語）[20].

　・業界の成長と創造的な取り組みの成長を促進する.
　・すべての開発において職場環境の専門的基準を確保する.
　・メディア専門家としての基準を公に確立し，伝達する.

IGDA倫理規定には，原則，職場，リーダーシップがある．原則は，IGDAのすべてのメンバーが守ることを約束する基本的な理想である．職場は，IGDAのすべてのメンバーが専門的な成果と創造性を促進するための権利として認める基準である．リーダーシップは，IGDAのあらゆるレベルの開発スタジオの管理とリーダーシップの基準である．

IGDA倫理原則は以下の11項目からなる（原文は英語）[20].

1. 人種，性別，信条，年齢，セクシュアリティ，家族状況，障害，出身国，その他の偶然の性質に関係なく，世界中のゲーム開発者

に平等なアクセスと機会を促進する．そして，分析，態度，表現においては，集団や個人の感受性に注意を払うべきである．

2. この職業の認識と尊敬を高めるよう継続的に努力する．私たちの仕事の誠実さを守り，正当な貢献を認め，他人の仕事を自分のものとして代表したり，その逆を決して行わない．

3. 自分自身と自分のスキルを正確に提示する．

4. 知的財産権を尊重する．

5. 私たちが作成したコンテンツの所有権に対する公正な権利を求める．

6. 署名された法的合意を精神と書面で尊重する．

7. 自由に使えるコンピューティングテクノロジーの適切，責任ある，合法的な使用を促進する．

8. 指定された視聴者に適したコンテンツの作成に努め，一般向けにコンテンツを審査するために割り当てられた委員会のコンテンツを決して虚偽表示したり隠蔽しない．具体的には，地方/地域の格付け委員会（ESRB，PEGI，CERO，USKなど）と協力する．

9. 専門職としての仲間と業界の成長のために，知的財産を保護しながらも知識の共有に努める．

10. テクノロジーと芸術に関する一般の知識，そして芸術と科学の境界を拡大するという私たちの業界の強みを促進するよう努める．

11. この倫理規定は，社内，第三者請負業者，および専門家全体で推進する．

・CESAとIGDAの行動規範

　CESAの行動規範はコンテンツ表現の適切性について詳細に規定している．これに対して，IGDAの行動規範ではコンテンツの適切性について格付け・審査するという行動指針を示している．また，IGDAでは公平性，誠実性，法令順守，知的財産権，専門職としての知識共有と連携についての行動規範を示している．先述の内容と合わせると，CESAではIGDAの行動規範に相当する内容を基本理念で示し，表現行為について通則で詳しく規定していると言える．これに対して，IGDAでは専門職としての行動規

範を包括的に提示している.

Williams らによる 2005～2006 年の米国上位 150 ゲームの調査 [21] では,① ゲームのキャラクターに男性が多い,② 白人やアジア人が他の人種よりも多いなどの偏向があり,③ ゲーム開発で男性の役割を永続化する経済的圧力があるとのことである.このようなゲーム制作上の偏りがあると,制作されたゲームが公平性に欠けることになる.

・注意すべき職業倫理

藤原 [21] によれば,ゲーム開発者が注意すべき職業倫理規定要因として,① 他者との相互作用,② 社内規定の共有,③ 表現の追求,④ 国際展開の経験,⑤ 子どもとの関わり⑥ 社会への眼差しがある(図12.1).

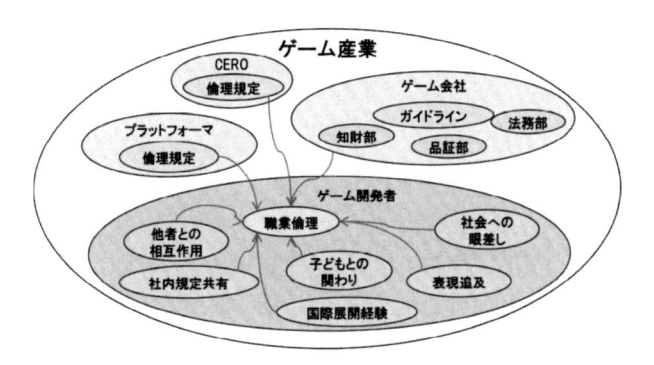

図12.1 ゲーム開発者の職業倫理規定要因

① 他者との相互作用

先達との協働を通して,ゲームの表現方法や意味などを理解する必要がある.ゲーム開発経験者によると,新人や異動者,転職者はゲームの倫理的配慮についてあまり理解していないことが多いためである.

② 社内規定の共有

ゲームの倫理や法務に関するガイドラインを社内に整備し,著作権,商標権,特許権,肖像権,パブリシティ権,景品表示法,不正競争防止法などの法務チェック項目を定義する必要がある.

③ 表現の追求

　ゲーム開発者は倫理的な禁止表現に抵触しない制約の範囲で表現を追求している．制約に反発するのではなく，表現機会だと捉えることが大切である．

④ 国際展開の経験

　ゲームの国際展開では倫理的な配慮が必要である．

⑤ 子どもとの関わり

　自身の子どもの誕生などにより，保護者の観点からゲームの表現について再考し，意識が変容する機会になる．

⑥ 社会への眼差し

　広い視野から，さまざまな立場の人々への倫理的配慮を表す態度が必要である．

　次の例は，ゲーム内でAIによる雑談機能をあえて実装しなかったゲーム会社の倫理的配慮を示している．

●事例　ゲーム『ポートピア連続殺人事件』

　スクウェア・エニックスのアドベンチャーゲーム『ポートピア連続殺人事件』で，自然言語理解だけに限定したAI技術を体験できるデモを無料で公開した [22]．この公開版では，ゲーム内のキャラクターがユーザーと自由に雑談する機能はあえて搭載せずにリリースした．この結果，対話型AIのような会話を期待していたユーザーは落胆することになった．

　あえて対話型AI機能を提供しなかった判断には，以下の理由があった．
（理由1）生成AIによる著作権侵害が発生すると企業倫理上の問題になる
（理由2）個別に生成した画像の世界観を統一するのに人手が必要
（理由3）倫理問題のない会話生成の保証が困難

　『ポートピア連続殺人事件』に限らず，理由1と3はゲーム開発における情報倫理の論点である．

　次に，ゲーム会社が行動規範を規定している例を示す．

●事例　任天堂のコンプライアンス行動規範 [23]

任天堂のコンプライアンス行動規範は，法令遵守，透明性の高い経営，反社会的勢力との対決姿勢を堅持，信頼される企業の4点である．

> ・法令等を遵守します。
>
> 　法令や社内規則・規程、社会規範を厳格に遵守し、公正で自由な競争を行い、高い倫理観に立った事業活動を行います。
> ・透明性の高い経営に努めます。
>
> 　株主や社会に対する適切な情報開示を推進し、透明性の高い経営に努めます。
> ・反社会的勢力との対決姿勢を堅持します。
>
> 　反社会的勢力に対しては、毅然とした態度で対応します。
> ・信頼される企業となるよう努めます。
>
> 　事業の社会性を十分認識し、健全な事業活動を展開することにより、ユーザーをはじめ社会からより信頼される企業となるように努めます。

この例から分かることは，ゲーム会社も社会の一員としての行動規範をもつということである．また，高い倫理観に従った事業活動を行うことを明記していることから，ゲーム会社ではゲームを開発するだけではなく，倫理観に基づく正しいゲーム開発が求められていることも分かるだろう．

参考文献

[1] 織田淳嗣「ファミコン発売40年　マリオやドラクエ、リハビリにも…ゲームが生み出す新しい文化」産経新聞, 2023.7.14
https://www.sankei.com/article/20230714-CVL77FJTH5AGPD4QTHNFGAFWRY/（2025年2月5日参照）

[2] Dirk Basten, Gamification,*IEEE SOFTWARE*, SEPTEMBER/OCTOBER, pp.76-81, (2017).

[3] 国土交通省「PLATEAU」
www.mlit.go.jp/plateau/（2025年2月5日参照）

[4] 内山裕弥：3D都市モデルの整備・活用・オープンデータ化プロジェクトPLATEAU（プラトー）の展望, 『技術と経済』, 7月号, pp.1-8 (2022).

[5] 内山裕弥：PLATEAUが実現する都市デジタルツイン, 『情報処理』, Vol.65, No.1, pp.e1-e8 (2024).

[6] PLATEAU「Unity で 3D 都市モデル内を自由に歩いてみる」
https://www.mlit.go.jp/plateau/learning/tpc09-2/（2025 年 2 月 5 日参照）

[7] Unity「Unity を使用したスマートで持続可能かつ安全なまちづくり」
https://unity.com/ja/case-study/sitowise?gad_source=1&gclid=Cj0KCQjw
（2025 年 2 月 5 日参照）

[8] 小宮昌人「デジタル産業構造論，「Unity」「Unreal Engine」とは？ 2 大ゲームエンジンの仕組み・活用事例を徹底解説」ビジネス＋IT，2022.11.18
https://www.sbbit.jp/article/cont1/98999（2025 年 2 月 5 日参照）

[9] 読売新聞「コンプガチャ問題　「搾り取り　加減大切」」2012 年 5 月 14 日夕刊記事

[10] 「専門医たちも驚く証拠写真！　「ゲーム依存症」は脳が破壊される」FRIDAY デジタル，2018.10.11
https://friday.kodansha.co.jp/article/16338（2025 年 2 月 5 日参照）

[11] 「オンラインゲームに潜む脅威とは：多人数同時参加型ゲームに便乗するサイバー犯罪」トレンドマイクロ，2012.8.1
https://www.trendmicro.com/vinfo/jp/threat-encyclopedia/web-attack/123/malicious-multiplayer-mayhem-when-online-gaming-goes-wrong（2025 年 2 月 5 日参照）

[12] 消費者庁，オンラインゲームの「コンプガチャ」と景品表示法の景品規制について
https://www.caa.go.jp/policies/policy/representation/fair_labeling/guideline/pdf/120518premiums_1.pdf（2025 年 2 月 5 日参照）

[13] 「『星のカービィ』『スマブラ』のゲーム制作会社に下された「労基署の是正勧告」の中身」FRIDAY デジタル，2023.1.19
https://friday.kodansha.co.jp/article/289525（2025 年 2 月 5 日参照）

[14] FTC
https://www.ftc.gov/legal-library/browse/rules/childrens-online-privacy-protection-rule-coppa（2025 年 2 月 5 日参照）

[15] FTC, Fortnite Refunds,
https://www.ftc.gov/enforcement/refunds/fortnite-refunds（2025 年 2 月 5 日参照）

[16] CODA（コンテンツ海外流通促進機構）
https://coda-cj.jp/（2025 年 2 月 5 日参照）

[17] 「ガイドライン違反の「ゲームプレイ動画」アップローダーに有罪判決」CODA，2023.9.7
https://coda-cj.jp/news/1657/（2025 年 2 月 5 日参照）

[18] 「『STEINS;GATE』ゲームプレイ動画，無断配信し逮捕…全国初か　CODA「極めて悪質な事例」」弁護士ドットコムニュース，2023.5.18
https://www.bengo4.com/c_1009/n_16013/（2025 年 2 月 5 日参照）

[19] CESA「コンピュータエンターテインメントソフトウェア倫理規定」
https://www.cesa.or.jp/guideline/ethics.html（2025 年 2 月 5 日参照）

[20] IGDA「Code of Ethics」
https://members.igda.org/page/codeofethics（2025 年 2 月 5 日参照）

[21]　藤原正仁：ゲーム開発者の職業倫理の規定要因,*Journal of Digital Games Research*, Vol.12, No.1, pp.1-10 (2019).

[22]　武山隼大「生成 AI でゲームキャラと対話が困難な意外事情」東洋経済 ONLINE, 2023.5.18
https://toyokeizai.net/articles/-/673424（2025 年 2 月 5 日参照）

[23]　任天堂「コンプライアンス」
https://www.nintendo.co.jp/csr/report/governance/
index.html?active-topics=topics02（2025 年 2 月 5 日参照）

付録A

サイバー犯罪

A.1　サイバー犯罪とは

定義　サイバー犯罪

コンピュータやインターネットを悪用した犯罪の総称.

サイバー犯罪 [1] には不正アクセス，コンピュータ犯罪，ネットワーク犯罪がある．本章では，これらについて説明する．

A.2　不正アクセス

インターネット上で他人の ID やパスワードなどの識別符号を入力し，他人のコンピュータにアクセスする行為を不正アクセスと言う．

不正アクセス行為の禁止等に関する法律（不正アクセス禁止法）では，不正アクセス行為に該当する行為として以下を挙げている．

① 他人の ID・パスワードを悪用する行為（第2条）

② コンピュータプログラムの不備をつく行為（第2条）

③ 他人の ID・パスワードを不正に取得する行為（第4条）

④ 不正アクセスを助長する行為（第5条）

⑤ 他人の ID・パスワードを不正に保管する行為（第6条）

⑥ ID・パスワードの入力を不正に要求する行為（第7条）

上記のとおり，不正アクセス禁止法 [2] は不正アクセス行為だけでなく不正アクセス行為につながる識別符号の不正取得・保管行為，不正アクセス行為を助長する行為等を禁止している．なお，①および②の行為については3年以下の懲役または100万円以下の罰金（第11条），③〜⑥の行為については1年以下の懲役または50万円以下の罰金（第12条）が課せられる．

不正アクセス禁止法の目的は，電気通信に関する秩序の維持を図ることにより高度情報通信社会の健全な発展に寄与することである．

A.3 コンピュータ犯罪

コンピュータまたは電磁的記録を対象とした犯罪．金融機関などのオンライン端末を不正に操作する，プロバイダのホームページを改ざんする，ウィルス攻撃などによってサーバシステムをダウンさせる行為などがある．

他人のクレジットカード情報を利用してインターネットショッピングで買い物をするなどの行為は電子計算機使用詐欺罪に当たり，10年以下の懲役が科せられる．また，他人のコンピュータデータを改ざん・破壊する，本来の目的に反する動作をさせて人の業務を妨害するといった行為は電子計算機損壊等業務妨害罪に当たり，5年以下の懲役または100万円以下の罰金が科せられる．

A.4 ネットワーク犯罪

インターネットを犯行の手段として用いる犯罪．特定の個人を誹謗中傷する記事を投稿する，脅迫や恐喝のメールを送付する，インターネット上でわいせつ画像を公開する，偽サイトを作って商品代金をだまし取る行為などがある．

警察庁はサイバー犯罪やサイバー攻撃等のサイバー空間の脅威について，事例や統計等データを紹介している [3]．その中で，令和5年におけるサイバー空間を巡る脅威として① ランサムウェア被害が依然として高水準で推移している，② クレジットカード不正利用被害が急増し，インターネットバンキングに係る不正送金被害が過去最多となった，③ インターネット上で有害情報（児童ポルノや規制薬物の広告等の違法情報，自殺サイト，「闇バイト」の募集等）が氾濫していることを指摘している．

参考文献

[1] 「サイバー犯罪に加担してしまった！罪種や刑罰と解決に向けた対処法」ベリーベスト法律事務所柏オフィス，2021.3.16
https://kashiwa.vbest.jp/columns/criminal/g_other/4794（2025年2月5日参照）

[2]　総務省「不正アクセス行為の禁止等に関する法律」
https://www.soumu.go.jp/main_sosiki/cybersecurity/kokumin/basic/legal/09/
（2025年2月5日参照）

[3]　警察庁「サイバー空間をめぐる脅威の情勢等」
https://www.npa.go.jp/publications/statistics/cybersecurity/（2025年2月5日参照）

付録B
システミグラム

B.1　システミグラムとは

　システミグラム (Systemigram) の起源は，Checkland によるソフトシステム方法論 (Soft System Methodology, SSM) [1] で用いられたシステムモデル図にある．複雑な人間活動を分析するために考案された方法論がSSMである．人間活動システムに含まれる個々の活動は「動詞」で表現できるから，人間活動システムを定義するためには動詞間の「結合性」も表現できる必要がある．このような活動間の関係をSSMでは**概念モデル**と呼ぶ．概念モデルの構成要素は，活動，活動間の論理的な依存関係，外部入出力と制御活動への出力からなる．SSMの概念モデルを記述するために用いられる図式がシステムモデル図である．

　Boadmanはシステムモデル図が自然言語表現と対応しやすいことに着目して，より明確に自然言語による文章と対応する図式としてシステミグラムを提案した [2]．システミグラムはノードとノード関係から構成される図式であり，システミグラムでは名詞句をノードとし，名詞句間の関係を示す動詞句によりノード間の関係を定義する．

B.2　システミグラムの例

　システミグラムのノードには製品やサービス，プロジェクトなどの人工物，人や組織などの主体，状態や事象などの特性がある．特性は人工物や主体の属性であり，属性は人口物や主体の内部に含まれるノードである．ノードは楕円で表現し，名詞句が楕円の名前になる．システミグラムのノード関係は，名詞句で表現される人工物，主体，特性間の関係を定義する動詞句である．

　例えば，「<名詞句1>が<名詞句2>を<動詞句>する」という文に対して，名詞句1と名詞句2に対するシステミグラムのノードについて<動詞句>で命名されるノード関係を記述する．デジタル技術を用いて現行企業をデジタル企業に変革する業務変革活動をシステミグラムで表現した例

を図B.1に示す.

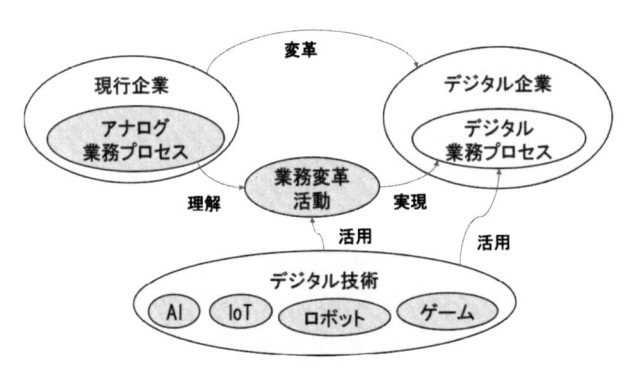

図B.1 デジタル技術による業務変革

図B.1は現行企業をデジタル企業に変革することを示している. また, 現行企業の内部にあるアナログ業務プロセスを理解し, デジタル企業の内部にあるデジタル業務プロセスを実現するデジタル変革で, デジタル技術を活用することを示している. また, デジタル技術にはAIやIoT, ロボット, ゲームなどがあることも表現している.

B.3 ビジョンとシステミグラム

本節では, ビジョンをシステミグラムで表現できることを示す.

経産省が示しているデジタルガバナンス・コードを構成する5つの柱の一つである「経営ビジョン・ビジネスモデル」の柱となる考え方の説明は次のとおりである [3].

> 企業は、データ活用やデジタル技術の進化による社会及び競争環境の変化が自社にもたらす影響(リスク・機会)も踏まえて、経営ビジョン及び経営ビジョンの実現に向けたビジネスモデルを策定する。

図B.2はこの考え方をシステミグラムで記述したものである, この図で

は，システミグラムのノードをアクタ，構造，振舞，動機の4種類に分類している．企業やステークホルダーはアクタである．構造には，ビジネスモデルや経営ビジョンがある．振舞には，ビジネスとITシステムがある．動機は，企業への影響と一体的がある．

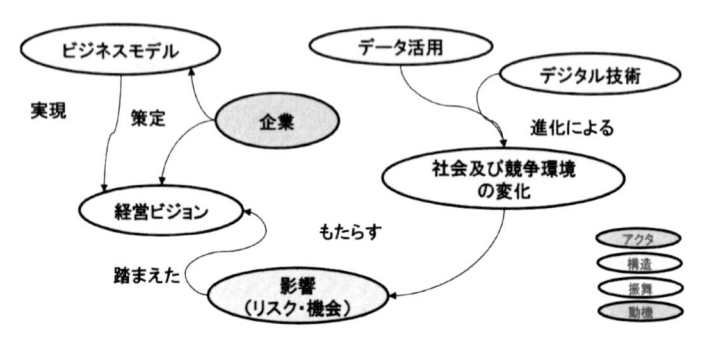

図B.2　デジタルガバナンス・コードの柱「経営ビジョン・ビジネスモデル」のシステミグラム

参考文献

[1]　Checkland, P., Systems Thinking, Systems Practice, John Wiley & Sons Ltd. (1990).

[2]　Boardman, J and B Sauser, Systems Thinking: Coping with 21St Century Problems,Taylor & Francis / CRC Press (2008).

[3]　経済産業省「デジタルガバナンス・コード3.0～DX経営による企業価値向上に向けて～」2024.9.19
https://www.meti.go.jp/press/2024/09/20240919001/20240919001-1.pdf
（2025年2月5日参照）

情報倫理と関連法令

　以下では，情報倫理と関連する知的財産保護法と，製造物責任法について概説する．

C.1　知的財産保護法

　知的財産基本法 [1] によって，「知的財産」および「知的財産権」が定義されている [2]．

定義　知的財産

　発明，考案，植物の新品種，意匠，著作物その他の人間の創造的活動により生み出されるもの (発見又は解明がされた自然の法則又は現象であって，産業上の利用可能性があるものを含む.)，商標，商号その他事業活動に用いられる商品又は役務を表示するもの及び営業秘密その他の事業活動に有用な技術上又は営業上の情報.

定義　知的財産権

　特許権，実用新案権，育成者権，意匠権，著作権，商標権その他の知的財産に関して法令により定められた権利又は法律上保護される利益に係る権利.

　知的財産権には，知的創造物についての権利と営業上の標識についての権利がある．知的創造物についての権利の目的は特許権や著作権などの創作意欲の促進であり，営業上の標識についての権利の目的は商標権や商号などの使用者の信用維持である．

　また，知的創造物についての権利である① 特許権，② 実用新案権，③ 意匠権，④ 著作権，⑤ 回路配置利用権，⑥ 育成者権，⑦ 営業秘密のそれぞれに，権利を保護する法律が定められている．すなわち，① 特許法，② 実用新案法，③ 意匠法，④ 著作権法，⑤ 半導体集積回路の回路配置に関する法律，⑥ 種苗法，⑦ 不正競争防止法である．

C.2 製造物責任法

製造物の欠陥が原因で生命，身体又は財産に損害を被った場合に，被害者が製造業者等に対して損害賠償を求めることができることを規定した法律が製造物責任法である [3]．製造物責任法は，不法行為責任 (民法第709条) の特則である．

不法行為責任法では加害者の過失を立証しないと損害賠償請求できなかったが，製造物責任法では製造物の欠陥を立証することで不法行為責任に基づく損害賠償請求ができる．

参考文献

[1] 首相官邸「知的財産基本法」
https://www.kantei.go.jp/jp/singi/titeki2/hourei/kihon.html（2025年2月5日参照）

[2] 特許庁「知的財産権について」
https://www.jpo.go.jp/system/patent/gaiyo/seidogaiyo/chizai02.html（2025年2月5日参照）

[3] 消費者庁「製造物責任法の概要 Q&A」
https://www.caa.go.jp/policies/policy/consumer_safety/other/pl_qa.html#q1
（2025年2月5日参照）

デザインと
情報技術者倫理

D.1　デザインと義務

　デザイナーの専門的な義務は，① 設計対象の文化的な意味を認識すること，② 設計作業の美的・経済的側面だけでなく，社会におけるその意味と適用を評価する倫理的な立場と基準を開発することの2つである，とGrantとFoxが述べている [1]．つまり，社会的なデザイナーにとって，消費者の基本的ニーズと人権につながるデザインでなければ「優れたデザイン」とは言えないということである．例えば，ハードウェアと備品は快適さと効果を保証すべきであり，広告は女性やマイノリティを含むすべての人々のポジティブなイメージを促進する必要がある．このように，生産者は消費者が前向きで力を与える製品やメッセージによりよく反応することを意識する必要がある．

　デザインが文化の変化と変革に貢献するためには，「良い社会」に向けて貢献できるデザインでなければならない．社会文化的な文脈で自分のデザインを見るために，デザイナーは社会的責任の問題に自ら積極的に向き合う必要がある．自分の好きなものやサービスをただデザインすればいいということではない．

D.2　デザインの倫理

　社会的責任のあるデザインには，デザインの文化的意味とデザインが社会に浸透することで再構築される消費者とデザインとの社会的関係の明確な分析と説明が求められる．したがって，社会的なデザイナーにはデザインが消費者や社会に何を与えるかを評価するための「倫理基準」が必要である．

　デザインの倫理 (Ethics of Design) は，人々の行動や感情，人々が直面する社会問題の解決に向けてより良く貢献できるのかなどについて，社会的なデザイナーが自らのデザインを実践する上での判断基準である．

　社会的デザイナーと社会や消費者との関係をシステミグラムで図D.1に

示す．社会的デザイナーは消費者の文化を尊重するとともに，社会倫理に従うべきである．

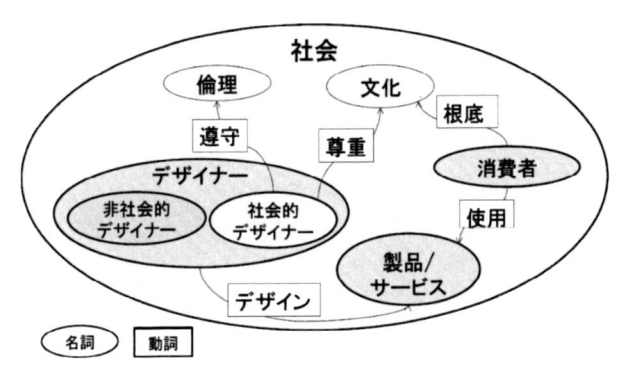

図D.1 社会とデザイナー

大学の主な情報系科目である「AI」，「IoT」，「Robot」，「プログラミング」，「データベース」，「ゲーム」，「CG」と共通系科目としての「知財」，「イノベーション」，「情報技術者倫理」と，企業や法律，専門職集団，ならびにデジタル企業が提供するデジタルシステムとの関係を図D.2に示す．企業ではデジタル技術の専門職が社内の行動規範としての企業倫理に従って業務を遂行する．また，デジタル専門職は電子情報通信学会や情報処理学会などの倫理綱領にも従う必要がある．なお，企業内には外部に対して秘匿すべき企業機密や顧客情報があるため，これらの機密情報を外部に漏らさないことも重要である．

図D.2から，大学が育成する社会的な情報系デザイナー(Designer in Society)にとって「情報技術者倫理」が重要な基礎知識であることが分かる．名古屋国際工科専門職大学の学生要覧[2]では，卒業要件（ディプロマ・ポリシー）として「社会の一員として，情報技術分野の専門職人材として守るべき規範と倫理観」をもつことを明記している．

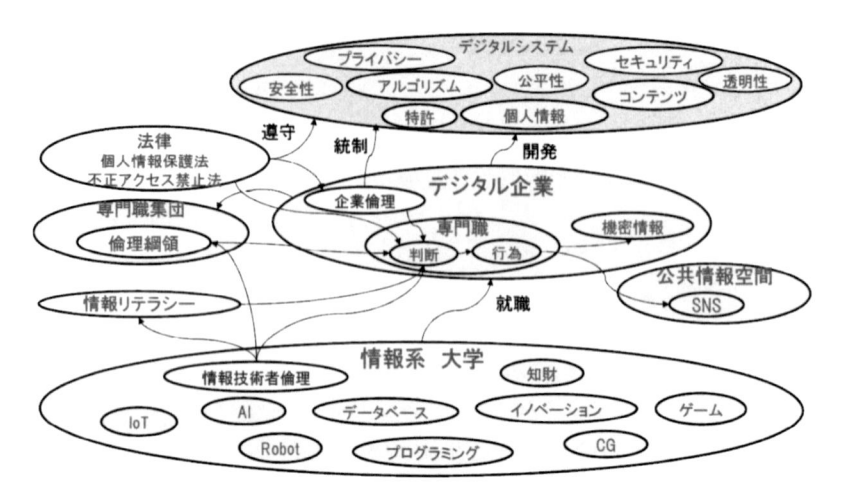

図D.2　大学の主な情報科目および情報技術者倫理とデジタルシステムとの関係

参考文献

[1]　J. Grant & F. Fox, Understanding the Role of the Designer in Society, *Journal of Art & Design Education,* Vol. 11, No. 1, pp. 77-87 (1992).

[2]　名古屋国際工科専門職大学「学生要覧」(2024).

あとがき

　本書は，最近，目覚ましい発展を続けている情報技術を用いたシステム開発で重要となる倫理について，必要な知識を包括的に統合するために執筆した．

　本書を執筆する中で，生成 AI の登場や日本の大手自動車メーカーの型式認証不正問題，SNS での誹謗中傷問題が社会的なニュースになった．これらの問題は本書の内容と関係するので，本書の執筆が遅れる一因となった．今後も同種の社会的な問題が出てくることは間違いない．書籍の執筆において，社会の進展を先取りするのは限界があることを改めて痛感した．しかし，事例を紹介することで不透明な未来に備えることができる．本書で紹介した事例には共通点が多い．人間の行為は情報技術が進化発展してもそれほどは変わらないということでもある．

　しかし，本書の校正段階で，米国の有力な SNS サービスの経営者が投稿情報の事実確認を緩和すると発表したことには驚かされた．SNS サービス提供者は，提供する SNS 上で誤情報が流通しないように配慮する必要がある．もし，2025 年 1 月に就任した米国大統領に忖度したのであれば，この方針転換は，SNS 事業の目標を遂行するため，経営者が意図的に事実確認原則に違反する非倫理的計算ではないか？　また，事実確認なしに言論の自由を許すことになれば，根拠のない批判の応酬はとどまることがない．事実確認による意見の正当性の判断がなくなれば，異なる意見の対立から生まれる社会の分断を避けることができない．

　また，この新しい米国大統領を支持する「政府効率化省」トップへ起用された経営者が提供する SNS に対して，欧州のリベラルな報道機関や企業は，偏向するコンテンツが流通しており陰謀論や偽情報の温床になっている有害なプラットフォームであるとして，この SNS への投稿を停止するとともに，別の SNS でコンテンツを発信するという SNS 上での移住が発生することとなった．

　異なる倫理観に基づく複数の SNS が存在することから，異なる SNS 利用者間の対話手段を喪失することにつながる．本来，コミュニュケーションを活性化するはずの情報技術がコミュニュケーションの断絶を生むという

のは皮肉なことである．この問題が生まれる根本原因は，情報技術では解決できない経営判断（政治権力への忖度）という人間の行為の問題である．したがって，だからこそ，その情報サービスについての経営判断は倫理的なのかという新たな情報倫理を考えることが重要になる．

　本書では情報技術者倫理について述べてきたが，今後，情報サービスを提供する経営者倫理と情報技術者倫理の対立についても考えていく必要がある．この問題について考察する上で，本書で説明した情報技術者倫理の基礎知識が役立つと信じている．しかし，この問題の解決は，本書の範囲を越えることから，これからも探求していきたい．

　筆者は情報技術分野の研究者・開発者として多くの情報システムを研究実用化してきたが，倫理教育の専門家ではない．しかし，NTT 研究所ならびに NTT データの研究開発部門で，IC カードシステムや電子タグの研究実用化ではセキュリティ・プライバシーに大変腐心した経験がある．また，これらの研究実用化では多くの開発者や発注者，政府関係者と協働する大規模プロジェクトを経験してきた．プロジェクト運営でも多くの倫理的な課題に直面した．

　NTT がまだ誕生していない電電公社時代の横須賀電気通信研究所に筆者が入社したのは昭和 54 年（1979 年）である．この当時の仕事の進め方は大変厳しいものであったから，ハラスメントの被害者の立場もよく理解しているつもりである．例えば，あるとき，家で七転八倒するほどの胃けいれんで休んだことがあった．幸い 1 日で回復して次の週の月曜に出勤したところ，上司から先週の宿題はどうしたと言われて，病気で休んでいたのでできておりませんと返答したら，「ナンセンス」と叱られたときのことは忘れられない．当時は休日も仕事をするのが当たり前だった．

　もちろん振り返れば，ハラスメントの加害者側の立場になったこともあり，深く反省している．コンプライアンスが今よりもはるかに緩かった時代の懐かしくも苦い想い出である．しかし，現代はそうではない．

　未来の若い情報技術者が社会に価値を創造していく画期的な情報システムを倫理的にも堂々と開発していく上で，本書が何かしらの参考になることを期待している．

　最後になるが，これまでに多くの技術者のための倫理の教科書が出版されている．本書でも，これらの教科書を数多く引用させていただいた．これら先達の方々に深謝します．また，この書籍を公刊するにあたって，近代科学社の山根加那子氏から，数多くの有益なご示唆を頂いたことに感謝の意を記します．

索引

著者紹介

山本 修一郎 (やまもと しゅういちろう)

1979年名古屋大学大学院工学研究科情報工学専攻修了.
同年日本電信電話公社入社. 2002年（株）NTTデータ技術開発本部副本部長. 2007年同
社初代フェロー，システム科学研究所所長. 2009年名古屋大学教授. 2020年名古屋大学
名誉教授. 同年電子情報通信学会フェロー.
現在，名古屋国際工科専門職大学情報工学科 学科長 教授.

著書
『要求定義・要求仕様の作り方』（ソフト・リサーチ・センター，2006）
『ゴール指向による！！システム要求管理』（ソフト・リサーチ・センター，2007）
『CMCで変わる組織コミュニケーション』（NTT出版，2010）
『要求開発の基礎知識』（近代科学社Digital，2019）
『DXの基礎知識』（近代科学社Digital，2020）

◎本書スタッフ
編集長：石井 沙知
編集：山根 加那子
図表製作協力：菊池 周二
表紙デザイン：tplot.inc 中沢 岳志
技術開発・システム支援：インプレス NextPublishing

●本書の内容についてのお問い合わせ先
近代科学社Digital　メール窓口
kdd-info@kindaikagaku.co.jp
件名に「『本書名』問い合わせ係」と明記してお送りください.
電話やFAX、郵便でのご質問にはお答えできません. 返信までには、しばらくお時間をい
ただく場合があります. なお、本書の範囲を超えるご質問にはお答えしかねますので、あ
らかじめご了承ください.

情報技術者倫理の基礎知識

2025年3月7日　初版発行Ver.1.0

著　者　山本 修一郎

発行人　大塚 浩昭

発　行　近代科学社Digital

販　売　株式会社 近代科学社
　　　　〒101-0051
　　　　東京都千代田区神田神保町1丁目105番地
　　　　https://www.kindaikagaku.co.jp

印刷・製本　京葉流通倉庫株式会社
Printed in Japan

ISBN978-4-7649-0737-9

近代科学社 Digital は、株式会社近代科学社が推進する21世紀型の理工系出版レーベルです。デジタルパワーを積極活用することで、オンデマンド型のスピーディで持続可能な出版モデルを提案します。

近代科学社 Digital は株式会社インプレス R&D が開発したデジタルファースト出版プラットフォーム "NextPublishing" との協業で実現しています。